KB127449

아리랑 로드 10만km 대장정의 기록

Colors of Arirang

중앙아시아 – 시베리아 – 연해주 – 사할린

Colors of Arirang
중앙아시아 – 시베리아 – 연해주 – 사할린

펴낸날	초판 1쇄 2017년 6월 5일
지은이	이정면, 류승호, 류승률, 서용순
펴낸이	서용순
펴낸곳	이지출판
출판등록	1997년 9월 10일 제300-2005-156호
주 소	03131 서울시 종로구 율곡로6길 36 월드오피스텔 903호
대표전화	02-743-7661 팩스 02-743-7621
이메일	easy7661@naver.com
디자인	박성현
인 쇄	(주)꽃피는청춘

ⓒ 2017 아리랑 로드 답사대, 사진 류승률

값 20,000원

ISBN 979-11-5555-067-0 03900

이 도서의 국립중앙도서관 출판예정도서목록(CIP)은 서지정보유통지원시스템 홈페이지(http://seoji.nl.go.kr)와
국가자료공동목록시스템(http://www.nl.go.kr/kolisnet)에서 이용하실 수 있습니다.(CIP제어번호: CIP2017012296)

아리랑 로드 10만Km 대장정의 기록

Colors of Arirang

중앙아시아 – 시베리아 – 연해주 – 사할린

이정면

★

류승호

★

류승률

★

서용순

이지출판

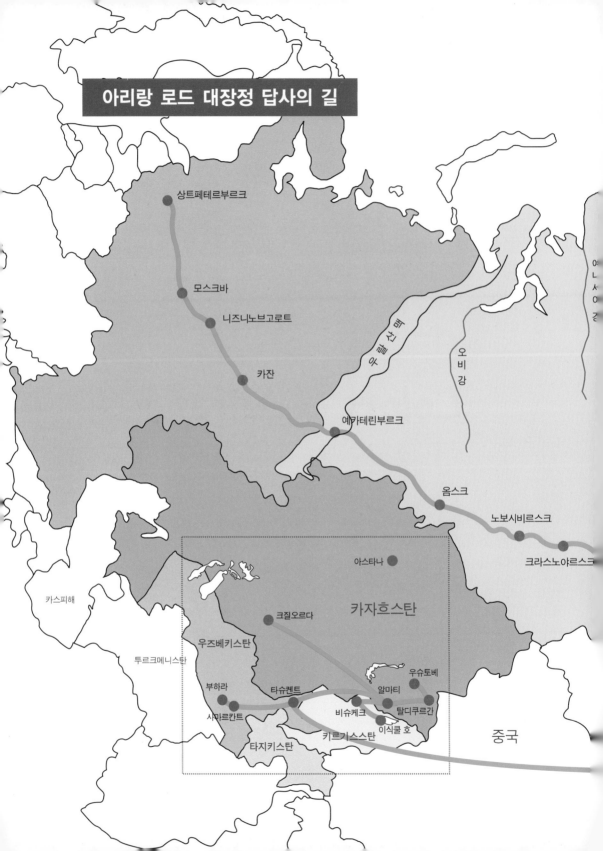

아리랑 로드 대장정 답사의 길

상트페테르부르크

모스크바

니즈니노브고로트

카잔

예카테린부르크

옴스크

노보시비르스크

크라스노야르스크

볼가강

오비강

예니세이강

카스피해

아스타나

크질오르다

카자흐스탄

우즈베키스탄

투르크메니스탄

부하라

타슈켄트

사마르칸트

타지키스탄

우슈토베

알마티

비슈케크

탈디쿠르간

이식쿨 호

키르기스스탄

중국

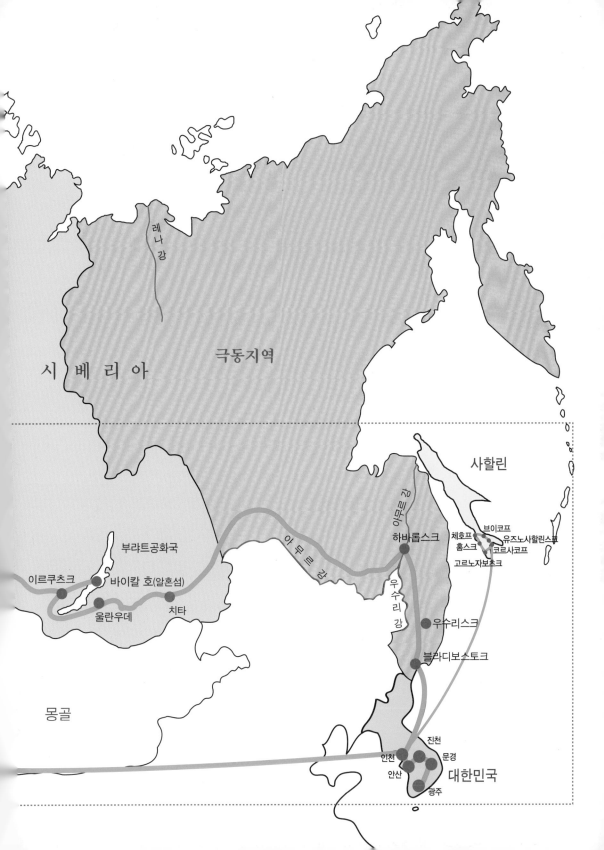

시베리아

레나강

극동지역

사할린

부라트공화국

이르쿠츠크

바이칼 호(알혼섬)

울란우데

치타

아무르 강

우수리 강

하바롭스크

브이코프
체호프
유즈노사할린스크
홈스크
코르사코프
고르노자보츠크

우수리스크

블라디보스토크

몽골

대한민국

진천
문경
인천
안산
광주

고려인 강제이주와 아리랑

　2017년은 1937년 9월 러시아 극동 지역에 살고 있던 고려인 18만여 명이 스탈린의 긴급명령에 따라 강제 수송열차에 실려 중앙아시아 허허벌판으로 떠밀려간 지 80년이 되는 해다.

　1930년대 연해주와 만주에서 일본의 세력이 더욱 거세어지자 긴장한 스탈린은 연해주 고려인들을 미래의 불안세력으로 보았다. 극동의 고려인 사회를 일본인 첩자의 온상으로 간주했던 것이다. 이유는 일본인과 고려인의 외모가 비슷했기 때문이다. 그래서 일본의 첩자 활동을 미연에 방지한다는 목적으로 고려인들을 멀리 떨어져 있는 중앙아시아 오지로 강제이주시키려 했던 것이다. 그들은 강제이주 전 고려인의 저항을 막기 위해 지도급 인사들을 제거하는 대대적인 검거작전을 실시하여 2,500여 명을 체포, 숙청하였다. 그리고 고려인들을 중앙아시아 지역으로 완벽하게 강제이주시켜 버렸다.

　고려인들은 억울했다. 그들은 러시아의 적인 일본에 대항하여 싸웠고, 러시아의 소비에트화에 앞장서서 소련에 이바지했으며, 황무지 연해주를 옥토로 바꾼 주인공들이었다. 그런데 거의 맨몸으로 쫓겨나다시피 강제 수송열차에 올랐다. 그리고 중앙아시아의 허허벌판에 내동댕이쳐졌다. 카자흐스탄 우슈토베는 강제이주된 고려인들이 처음 도착한 곳이다. 낯선 땅 추위에 떨며 그들은 맨땅을 파서 토굴을 짓고 살아야 했다. 지금도 그곳에는 고려인들이 토굴을 짓고 살았던 흔적이 남아 있다.

　강제이주 행렬은 중앙아시아 카자흐스탄, 우즈베키스탄, 키르기스스탄 등지로 이어졌고, 새로운 정착지에서 고려인들은 참으로 고단한 삶을 살아냈다. 이렇게 고려인들의 멍에가 된 '강제이주'는 1953년 스탈린이 사망하고 이어서

권좌에 오른 흐루시초프가 고려인의 정치적·법적 명예회복을 선언하면서 끝났다. 그 후 거주 이전의 자유를 얻은 고려인들은 다시 연해주로 돌아가기도 했으나, 기다리고 있는 것은 더 고달픈 현실이었다.

한편 중앙아시아 지역에 정착한 고려인들은 끈질긴 의지와 뚝심으로 살아남아, 이제는 강제이주라는 민족적 차원의 비극을 넘어 대한민국의 유라시아 진출에 반드시 필요한 강력한 인적 기반으로 자리잡아 가고 있다.

그렇게 되기까지 80여 년 동안 그들은 어떤 삶을 살아왔을까. 맨몸으로 부딪치며 살아내느라 얼마나 힘들고 고단했을지는 상상하기도 어렵다. 우리는 그런 그들을 만나보고 싶었다. 고려인 강제이주의 길을 따라가며 그들의 한 많은 삶 속에 녹아 흐르는 아리랑을 함께 불러보고 싶었다. 그래서 시작한 것이 아리랑 로드 대장정이다.

처음에는 6천km로 시작했다. 그런데 가면 갈수록 가봐야 할 곳이 많아졌다. 그래서 1만km를 넘어 10만km 대장정이 되었다. '고려인'과 '아리랑'과 관련된 곳이면 국내는 물론 멀리 남미와 평양까지, 중앙아시아와 동남아시아 그리고 다시 중앙아시아, 시베리아, 연해주, 사할린을 본격 답사한 후 "Colors of Arirang"을 펴내고 사진전시도 함께 준비했다.

우리의 대장정은 결코 쉽지 않았다. 하지만 현지에서 만난 고려인들과 손을 잡고 얘기를 나누고 아리랑을 함께 부르며 우리는 한없는 감동을 느꼈다. 그러는 동안 이 기록을 남기는 것이 우리의 의무임을 분명히 깨달았다.

아리랑 로드 대장정은 지금도 계속 이어가고 한다. 블라디보스토크에서 이르쿠츠크까지 한 번 더 다녀왔고, 곧 다시 떠날 예정이다. 우리가 하나 되는 기적의 아리랑과 함께….

아리랑 로드 대장정 답사대
이정면, 류승호, 류승률, 서용순

아리랑 로드 대장정의 생생한 기록

서 한 범 단국대 명예교수, 문학박사

한국인들이 만들고, 지금은 세계인들이 즐겨 부르게 된 아름다운 민족의 노래 아리랑의 발자취를 찾아 나선 사람들이 있다. 이들은 음악 전공이 아닌데도 지난 5년 동안 꾸준히 중앙아시아와 시베리아의 아리랑 로드 10만km를 돌아보고, 그 과정을 책으로 펴냈다. 그 주인공들의 면면을 보면 미국 유타대 명예교수 이정면 박사, 사회사업가 류승호 사장, 사진작가 류승률 선생, 그리고 작가이면서 출판사를 운영하는 서용순 대표 등 4인이다.

어느 누구도 음악을 전공한 사람은 아니다. 그렇다면 왜 이들은 아리랑을 찾아 그 광활한 땅에 흩어져 사는 53만 유라시아의 고려인들을 여러 차례 만나고 돌아온 것일까? 이유는 간단하다. 아리랑을 사랑하는 마음이 누구보다 크고 강하기 때문이다.

지난 세기, 우리 민족은 일본 제국주의의 강압정책으로 인해 주권을 잃고 식민 생활을 해야만 했던 뼈아픈 상처를 안고 있다. 그래서 독립운동을 위해서 또는 살아남기 위해서 고향을 등지고 이국 땅으로 떠나 살던 사람들이 많았던 것이다. 해방이 되고 전쟁은 끝났어도 쉽게 돌아오지 못한 사람들, 이를테면 일본에는 '재일교포', 중국에는 '조선족', 러시아에는 '고려인', 서양에서는 '코리언' 이란 이름으로 아직도 이국 땅에서 힘겹게 살아가고 있는 것이다.

그런데 이들에겐 한결같이 공통점이 하나 있다. 그들이 어느 곳에 살고 있어도 그들의 후손들은 '아리랑' 이라는 노래를 애국가 이상으로 많이 부르며 살고 있다는 점이다.

필자도 20여 년 전부터 중국 조선족 사회와 전통음악 교류를 해 오고 있는데, 그들의 자손들 중에는 우리말을 하지 못하는 젊은이들이 생각 외로 많다. 그러나 아리랑은 대부분 흥얼거린다. 슬픈 일이 있어도 아리랑을 부르고, 기쁘고 즐거운 일이 있어도 아리랑을 부른다.

　　남의 나라에 살고 있는 그들을 하나의 공동체로 묶어 주는 노래가 바로 아리랑이다. 그래서 그들과 함께 사는 지역민들도 아리랑을 한국의 대표적인 민요로 인식하고 있으며, 아리랑이야말로 한민족의 위대한 문화유산으로 인정하고 있는 것이다.

　　아리랑은 누가 지었고, 언제부터 불러온 노래인지 분명치 않다. 다만, 강원도 지방의 정선아리랑을 비롯하여 서울 경기의 본조(本調)아리랑, 전라도의 진도아리랑, 경상도의 밀양아리랑 등이 지역의 특징적 어법으로 불리고 있으며, 그 외에도 지방마다, 대소 도시마다 각기 다르게 부르고 있는 아리랑은 수를 헤아릴 수 없을 정도다. 아마도 일본제국주의가 아리랑을 금지곡으로 지정하자 자연발생적으로 그 지역의 특징을 살려 만들어 부른 것으로 보인다.

　　그 많은 아리랑 중에서도 학자들은 정선아리랑을 원류로 보고 있다. 이것이 흘러 내려와 서울 경기지방에서는 긴아리랑, 구아리랑이 되었고, 기존의 구아리랑은 1920년대 나운규가 〈아리랑〉이라는 영화를 제작하면서 이전부터 불러오던 아리랑을 조금 빠르고 간결하게 고쳤는데, 이것이 바로 오늘날의 '본조아리랑'이라는 이름을 갖게 된 것이다.

전국적으로 널리 불리고 있는 본조아리랑의 음 조직은 솔-라-도-레-미의 5음으로 구성되어 있다. 또한 그 형식은 "아리랑, 아리랑, 아라리요. 아리랑 고개로 넘어간다"의 20자 구성의 후렴구와 "나를 버리고 가시는 임은, 십리도 못 가서 발명난다"의 본절 20자의 노랫말로 구분되어 있다. 그리고 장단은 조금 빠른 "덩--, 덩-더, 쿵덕-"으로 짜여진 세마치장단 위에 얹어 부른다.

아리랑이란 노래는 특별히 국악의 평조(平調)니 계면조(界面調)니 하는 악조나, 서양음계의 장조(長調)와 단조(短調)의 음계나 분위기를 가릴 필요가 없다. 슬픈 감정으로 느리게 부르면 슬픈 노래가 되고, 기쁘고 즐거운 마음으로 빠르고 경쾌하게 부르면 기쁜 노래가 되기 때문이다. 그래서 응원가나 군대 행진음악으로도 아리랑은 폭넓게 쓰이고 있는 것이다.

다시 한 번 '아리랑 로드 10만km 대장정'의 생생한 기록을 세상에 내놓은 네 분의 노고에 깊은 존경과 치하를 드리며, 2017년 6월 말에도 20여 명의 대원들이 함께 떠날 준비가 완료되었다고 하니 더더욱 알찬 문화답사가 될 것으로 확신하고 있다.

어렵고 힘들게 완성한 이 책자가 이 분야에 관심을 가진 사람들은 물론, 국민 통합을 염원하는 모든 분들에게 정중하게 일독을 권해 드린다.

Contents

序詩

지지리도 가난하고 힘없는 조국
이리저리 찢기고 짓밟힌 조국을 떠나
간신히 정 붙여 살던 곳도 하루아침에 빼앗겼다

영문도 모른 채 강제 수송열차에 실려 온 곳
허허벌판 황무지에 길을 내고
손발이 다 닳도록 땅을 일구며
질긴 목숨 붙잡고 살아온 세월
조국을 떠나 산다는 것이
얼마나 처절한 슬픔인지 어찌 알았으랴

그보다 더 괴로운 건
우리말과 우리글을 잊어버린다는 것
조국의 무관심에 잊혀져 간다는 것
부평초같이 떠도느라 국적도 바뀌었다는 것
그래서 돌아갈 수가 없다는 것

유형의 땅 사할린에서
광막한 시베리아를 가로질러
머나먼 사막지대 중앙아시아에서
그래도 모진 세월 지켜온 건
고려인이라는 자부심이었다

이 악물고 살아낸 건
질기디질긴 아리랑의 힘이었다

이제 한민족의 역사를 하나로 만들어야 한다
보배롭고 강인한 고려인의 긍지로
그 뼈아픈 세월 보듬어 준 아리랑으로

아리랑 로드 10만km 대장정 길
아리랑은 고려인들의 눈에도
그들을 찾아간 우리 눈에도
눈물을 일렁이게 했다
강제이주 80년이 되는 지금,
우리글도 우리말도 잃어버리고
까레이스키로 살아가는 그들의 가슴속에
아리랑은 선명하게 살아 있었다

아리랑은 밥이요
아리랑은 삶이요
아리랑은 희망이요
아리랑은 역사요
아리랑은 마침내 우리를 하나로 만드는
기적의 노래다.

아리랑 로드 대장정의 시작, 문경

문경은 정말 뜻밖이었다. 고려인 강제이주와 아리랑의 길을 답사하기로 한 우리는 '고려인'과 '아리랑'이라는 단어만 보면 눈이 번쩍 띄었다.

1차 세계대전 때 러시아군에 징집되었다가 독일군 포로가 된 고려인이 있었다. 김그리고리, 유니콜라이, 안스테판, 이들이 1917년 3월 독일 프로이센 포로수용소에서 우리 민요 아리랑과 독립운동가를 음반으로 남겼다는 기사와 그 자료들이 문경새재 옛길박물관에 있다는 이야기를 듣고 문경으로 달려갔다.

8월 신록이 무르익어 가는 옛길박물관 뜰에는 1896년 미국인 선교사 헐버트가 처음으로 채록하여 오선으로 그린 아리랑 악보가 돌에 새겨져 있었다. 그리고 박물관에는 독일군 포로가 된 고려인이 부른 아리랑 타령이 100년의 세월을 뛰어넘어 흘러나오고 있었다.

아라랑 아라랑 아라라리요
아라랑 철철히 배 떠나간다
요내 배는 한강 배인지 팔도의 한량이 다 타고 논다
아라랑 아라랑 아라라리요
아라랑 철철히 배 떠나간다
요내 입은 꿀단지인지 팔도의 한량이 다 빨아댄다
아라랑 아라랑 아라라리요
아라랑 철철히 배 떠나간다

어쩌다 고려인이 러시아 군복을 입고 독일군 포로가 되었던 것일까. 전쟁터에 나가면 러시아 국적을 준다는 조건은 남의 땅에 발붙이지 못하고 사는 고려인들 앞에 제시된 괴로운 선택이었으리라.

독일과 전쟁을 하던 러시아 차르 정부는 고려인 4천여 명을 전쟁터로 보냈다. 그중 독일군에 붙잡혀 포로가 된 러시아 병사(고려인)가 수용소에서 부른 아리랑이 베를린 훔볼트대학에 숨죽이고 있다가 문경에서 세상 구경을 나온 것이다.

누렇게 바랜 무표정한 사진들이 우리를 물끄러미 바라보고 있었다. 왜 이들이 이곳에 와 있는 걸까? 그들은 자신의 목소리가 후세에 전해질 것이라고 상상을 했던 것일까?

힘없는 나라를 떠나 남의 땅에서 살아남기 위해 러시아군에 징집되어 간 고려인들이 부른 노래 아리랑. 굽이굽이 목숨을 내놓고 가파른 고갯길을 오르내렸을 그들에게 아리랑은 어떤 의미였을까. 고달픈 삶 속에 녹아들어 한 세기를 흘러온 그들의 아리랑이 애처롭기만 하다.

우리를 안내해 준 문경시청 아리랑 담당관(엄원식 박사)을 따라 문경새재 옛길을 걷는다. 진남교반과 주흘산, 희양산, 대미산으로 이어진 백두대간의 범상치 않은 산들로 둘러싸인 문경은 예부터 길의 고장으로 널리 알려져 있다.

문경새재는 고갯길의 대명사다. 이곳만큼 길과 관련된 문화유산과 자연유산의 가치가 돋보이는 길도 흔치 않다. 문경새재 하면 청운의 꿈을 안고 과거 길에 오르던 선비들이 떠오른다. 그래서 예부터 기쁘고 경사스러운 소식을 듣는 곳이라는 의미에서 문경(들을 聞, 경사 慶)이라고 했다. 또 '새재'라는 말의 유래는 '새들도 날아가기 어려운 높은 고개', '억새풀이 많은 고개', '길과 길 사이에 난 고개' 등 여러 가지 이야기가 전해 온다. 이는 모두 문경새재가 지니고 있는 역사적 · 문화적 의미를 담고 있는 말들이다.

길은 단순한 이동수단으로만 존재했던 것이 아니라 인간이 사유할 수 있는 공간이며 삶의 모습이 담겨 있다. 오르막길, 내리막길, 굽은 길, 곧은 길, 울퉁불퉁한 길, 평평한 길들이 우리 인생과 흡사하다. 그래서 자연의 길에 사람들의 이야기를 간직하고 있는 문경새재는 길의 요소를 모두 담고 있는 우리 모두의 길이다.

옛길에 들어서니 솔바람이 시원했다. 그런데 소나무들 허리에 깊은 상처 자국이 나 있다. 그 옛날 일제강점기 때 송진을 채취하기 위해 도끼로 찍어 낸 것이라는데 지금도 상처가 그대로 드러나 있다. 지워지지 않는 일제의 만행에 진저리가 쳐져 팔월 더위가 무색했다.

골골이 흐르는 개울물 소리를 따라 걷다보니 '문경새재아리랑비'가 손짓을 했다. 구순이 넘은 이정면 박사님이 다가가 비석을 쓰다듬었다. 우리는 한 목소리로 노래를 부르기 시작했다.

합창이 끝나자 문경시청 아리랑 담당관이 입을 열었다. 문경이 아리랑의 본향임을 널리 알리기 위해 단단히 준비를 하고 있다는 것이다. 세상에 흩어져 있는 아리랑 가사 2만5천 수를 잘 다듬어 정제된 1만 수를 붓글씨로 써서 50권의 책으로 엮는 '1만68수 아리랑 대장경'을 시작으로 문경시를 '아리랑 도시'로 만든다는 것이었다. 살아 있는 아리랑 정신을 붓글씨로 쓰고 비석에 새겨 전승하려는 기념비적인 시도에 감동과 기대가 몰려왔다.

　　그리고 9월 5일, 팔도 아리랑 깃발이 춤을 추고 소리꾼들의 열창 속에 '서예로 담아낸 아리랑 1만 수' 이운식이 거행되었다. 장엄했다. 아픔은 노래가락으로 풀어내고 기쁨은 신명의 춤으로 펼치며 기나긴 역사를 이어온 우리 민족의 아름다운 노래가 새로이 구현되는 순간이었다.

　　거기서 우리의 아리랑 로드 대장정 출발이 선언되었다. 수많은 사람들 앞에서서 우리 네 사람은 고려인 강제이주의 길을 따라 널리널리 퍼져 나간 아리랑의 길을 떠나겠다고 천명했다. 우리의 대장정을 격려하는 박수소리가 쏟아졌다. 때마침 하늘에서도 장대비로 응답해 주었다. 늦더위가 가시고 청량한 기운이 솟아올랐다.
　　그렇게 우리는 우리 삶이 만든 한숨이요 웃음이며 밥처럼 함께한 우리의 대서사시 아리랑 로드 대장정을 문경에서 출발했다.

대한민국에 뿌리내린 고려인들

광주 광산구 월곡동에는 고려인 마을이 있다. 2003년 고려인 서너 가구가 이곳에 정착하기 시작한 후 현재 3천여 명이 살고 있는 국내 최대 자치마을이다. 주로 중앙아시아에 흩어져 살아온 동포들이다.

우리는 앞으로 답사할 중앙아시아, 곧 우즈베키스탄, 카자흐스탄, 키르기스스탄에서 온 분들, 강제이주라는 고난의 역경을 극복한 산증인인 그들을 만나 구한말 질곡의 역사와 유랑민으로서의 한 많은 이야기를 듣고 싶었다. 그리고 현지에서 고려인 강제이주와 아리랑에 대해 증언해 줄 분을 소개받아야 했다.

고려인 마을을 이끌어 가고 있는 이천영 목사와 신조야 대표를 만났다. 김대중 대통령 때 한국 땅을 밟게 되었다는 고려인들. 하지만 부모의 조국이라고 찾아왔으나 말이 통하지 않아 막일 외에는 할 수 있는 일이 없다고 한다. 자신들의 뿌리를 찾았다는 안도감은 느껴졌지만 아직도 안정된 체류자격을 갖지 못해 떠돌고 있는 이들이 많다고 해 무척 안타까웠다. 일 나간 부모 대신 아이들을 맡아 한국어를 가르치는 교실도 있고, 의료혜택과 일자리, 그리고 잘 적응하도록 도와주려 하고 있지만 아직 갈 길이 멀어 보였다.

우리는 하루라도 빨리 그들이 살아온 땅에 가보고 싶었다. 그리고 19세기 말 연해주로 건너갔고 다시 스탈린 치하(1937년)에서 중앙아시아로 강제이주 당한 그들이 서러움과 핍박 속에서 부평초처럼 떠돌던 발자취를 돌아보고 그 기록을 남겨야겠다는 열망에 마음이 급해졌다.

    그래서 타슈켄트에 산다는 고려인 1세를 만나기 위해 그의 딸 김리타가 한국
에 와서 일하고 있는 안산 외국인 마을을 다녀왔고, CIS(독립국가연합) 지역을 여
행하고 다섯 권의 책을 펴낸 이한신 씨를 만나 조언을 구했으며, 《유라시아 고려
인 150년》이라는 방대한 책을 저술한 김호준 선생으로부터 소중한 자료를 얻었
다. 뿐만 아니라 고려인돕기운동본부와 사할린귀국자마을 등을 방문하여 현지
이야기를 자세히 들었다.

    우리 팀은 수차례 준비 미팅과 일정을 조율하여 드디어 2015년 9월 11일부터
26일까지 중앙아시아 3개국(우즈베키스탄, 카자흐스탄, 키르기스스탄)을 답사했고,
2016년 6월 14일부터 21일까지 연해주 블라디보스토크에서 우수리스크, 하바
롭스크, 이르쿠츠크, 그리고 바이칼까지 다녀온 다음 바로 이어서 7월 17일부
터 20일까지 사할린을 답사하는 총 28일의 대장정 길에 나섰다.

고려인, 또 다른 이름의 한 민족을 찾아

2015년 9월 11일 11시. 우리는 우즈베키스탄 타슈켄트로 떠나기 위해 삼성동 도심공항터미널 1층 출국장에 모였다. 인천공항에서의 혼잡을 피하기 위해 미리 짐을 부치고 가족들의 배웅을 받으며 인천공항으로 향했다.

터미널이나 공항의 독특한 분위기는 언제나 마음을 한껏 설레게 한다. 그러나 편안한 여행이 아니라 스탈린에 의해 연해주에서 중앙아시아로 강제이주 당한 고려인들을 만나러 가는 길이어서 무척 긴장되었다.

답사대장인 이정면 박사님은 중앙아시아행이 두 번째지만 세 사람은 초행길이어서 호기심과 긴장감이 교차했다. 하지만 기뻤고 잘 해낼 것이라는 자신감도 있었다. 이렇게 떠나기까지 참으로 난감한 아리랑 고개를 몇 차례 잘 넘겼기 때문이다.

먼저 '아리랑 로드 10만km 대장정' 일정이 바뀌었다. 고려인들이 강제로 이끌려 탔던 시베리아 수송열차의 출발지인 블라디보스토크에서 시작해 짐짝처럼 버려진 중앙아시아까지 차례로 답사하려 했으나 현지 사정과 날씨 때문에 중앙아시아 3국부터 가게 되었다.

두 번째 우리 발목을 잡은 것은 여행사였다. 이 박사님이 너무 고령이라는 것이었다. 물론 여행자보험도 들어주는 곳이 없고, 일정 중에 문제가 생기면 책임을 질 수 없으니 각서를 쓰라는 것이었다.

실망한 이 박사님은 건강이 갈 만하니까 나선 것인데 각서까지 요구하다니 너무한다면서 여간 섭섭해하지 않으셨다. 그래도 우리는 가야 했다. 고려인들의 고달픈 삶과 함께 불리어 온 아리랑의 길을 꼭 답사하고 싶었다. 기쁠 때나 슬플 때나 우리 민족이 불러온 아리랑. 그 아리랑을 부르며 80여 년을 버텨 왔을 그들을 만나 손을 잡고 함께 아리랑을 불러보고 싶었다.

　　어떻게든 여행사와 이 박사님을 설득해야만 했다. 고객의 모든 일정을 책임져야 하는 여행사로선 위험을 감수하려 하지 않는 건 당연했다. 쉽지 않았지만 그래도 우리의 열망이 통했는지 일정대로 떠날 수 있었다.

　　오후 5시가 다 되어 출발한 비행기는 현지시간 저녁 8시 20분경 우즈베키스탄 타슈켄트 공항에 도착했다. 어둠이 짙게 깔린 공항은 아수라장이었다. 비좁고 무질서하고 불친절했다. 입국심사를 거쳐 짐을 찾는 데 얼마나 더디던지, 가이드를 만나 호텔에 도착해 보니 11시가 넘었다. 구소련국가라는 선입견 때문인지 좀처럼 긴장이 풀리지 않았지만, 호텔 앞 건물에 현대자동차 광고판이 번쩍거려 여간 반갑지 않았다.

타슈켄트 꾸일루크 바자르

중앙아시아 3개국 16일 일정은 우즈베키스탄의 타슈켄트-부하라-사마르칸트-타슈겐트 6일, 카자흐스탄의 알마티-크질오르다-알마티-우슈토베-알마티 5일, 키르기스스탄의 비슈케크-촐폰 아타(이식쿨)-알마티 4일 그리고 인천이다. 세 나라를 오가는 평면적 거리도 그렇거니와 고려인이 살고 있는 곳을 찾아가야 하고 그들의 오래된 기억을 되살려 내야 하는 쉽지 않은 일정이었다.

그래서 무엇보다 숙소에 신경을 썼다. 하지만 와이파이 연결도 안 되고 말도 전혀 통하지 않는 호텔에서 첫날밤을 맞았다. 낯선 곳에서의 긴장감과 내일 만날 분들을 상상하느라 거의 잠을 이루지 못했다.

9월 12일 아침. 가이드 이마리나 씨와 함께 본격적인 일정을 조율했다. 고려인 3세인 마리나 씨는 이곳 대학에서 철학을 전공하고 한국말을 아주 잘하는 똑똑한 여성이었다. 또 대단한 미인이었다. 우리는 서울에서 미리 그날 방문할 곳과 인터뷰해야 할 사람들과 시간 약속을 해두었기 때문에, 되도록 많은 것을 보고 듣기 위해 이동 코스를 정하고 출발했다.

첫 번째 답사지는 타슈켄트 최대의 재래시장이자 고려인들의 생활 현장인 꾸일루크 바자르. 강제이주당한 고려인들이 협동농장에서 수확한 농작물과 그것들로 반찬을 만들어 팔아 생계를 이어온 곳이어서 지금도 고려인을 가장 많이 만날 수 있는 곳이다.

차에서 내려 시장 입구로 들어서자 피부가 까무잡잡한 이곳 사람들의 시선
이 모두 우리를 향했다. 우리는 주변을 기웃거리며 걸음을 재촉했다. 건물 벽에
는 '사진촬영금지'라는 표시가 그려져 있었다. 카메라를 목에 걸고 손에도 들
고 있던 류승률 사진작가는 난감해하는 표정을 지었다. 그렇지만 여기까지 와
서 맨손으로 갈 수는 없는 일.

그들의 주식인 '리뾰시카(빵)'와 옥수수를 파는 여인들 곁을 지나 반찬가게
앞에서 걸음을 멈추었다. 우리와 똑같은 외모, 누가 가르쳐 주지 않아도 피가
당기고 마음이 끌리는 고려인 아주머니들이 그곳에 있었다.

다짜고짜 말을 걸었다. 그들의 얼굴에 경계의 빛이 스쳐지나갔다. 그들은 주변을 살피며 무척 조심스러워하는 것 같았다. 대개 고려인 3, 4세인 그들 앞으로 바짝 다가가 작은 소리로 연해주에서 언제 이곳으로 왔는지, 강제이주 열차를 타고 온 분들이 아직 살아 계신지, 아리랑을 들어본 적 있는지, 아리랑을 부를 수 있는지 묻고 또 물었다. 하지만 엷은 미소를 지을 뿐 고개를 내젓는 사람이 더 많았다.

그런데 자신을 전주이씨라고 소개한 리나피샤 아주머니는 아들과 딸이 한국에 다녀온 적이 있다면서 매우 호의적이었다. 아리랑을 한번 불러달라고 했더니 두 팔을 벌려 춤사위를 섞어 가며 부르기 시작했다. 우리는 이내 하나가 되었다. 가슴 밑바닥에서 뜨거운 것이 목을 타고 넘어와 눈물로 쏟아졌다.

이어진 두만강 노래. 두만강 푸른 물에 뱃사공이 된 우리는 함께 노를 저어 그들의 그리운 조국을 애타게 불렀다. 노랫소리가 들리자 사람들이 몰려들었다. 완장을 찬 사람들 모습도 보였다. 순간 아주머니들이 걱정되어 뒤로 물러서서 겨우 손을 흔들며 시장을 빠져나왔다.

말로만 듣던 또 다른 이름의 한 민족, 고려인을 현지에서 처음 만난 감동은 상상 이상이었다. 조국을 조국이라 부르지 못하고 눈치 보며 숨죽여 살아왔을 한과 서러움, 그럼에도 굳세게 살아남아 고려인임을 부끄러워하지 않는 그들의 자존심이 경탄스러웠다. 거기에다 아리랑을 한 목소리로 불렀다는 감격은 쉬이 가라앉지 않았다.

북극성 콜호스의 주인공 김병화

달리는 차 안에서조차 촬영을 해서는 안 되는 목화밭. 도로 양쪽에 펼쳐져 있는 목화밭을 기어이 카메라에 담고 싶은 사진작가와 그러다 걸리면 출국을 못할 수도 있고 자신은 일을 할 수 없다는 가이드의 목소리가 단호했다.

'김병화 박물관'을 향해 가는 내내 차 안에서 두 사람의 실랑이가 이어졌지만, 우리의 사진작가는 멋진 목화밭 풍경을 담아왔다. 이해가 안 되었다. 흔하디흔한 목화밭을 왜 못 찍게 하는지. 이유는 이랬다. 목화를 딸 때 군인은 물론 공무원, 어린 학생들까지 동원되는데 그 모습이 밖으로 나가 '인권 착취'라는 말을 듣게 되기 때문이라는 것이다.

9월 무르익은 햇살이 뜨겁게 내리쬐는 오후 2시, 김병화 농장을 방문했다. 할아버지 고향이 남원이라는 장엠밀리야 관리인이 문을 열어 주었다. 우리가 생각했던 넓은 농장은 없고 지금은 박물관만 있다. 김병화 선생이 세상을 떠난 1974년부터 농장 명칭이 '북극성 콜호스'에서 '김병화 집단농장'으로 바뀌었고, 지금은 농장 한 곳에 '김병화 박물관'이 남아 있는데, 이제는 찾아오는 이도 드물다고 한다.

1905년 연해주에서 태어난 김병화. 1937년 타슈켄트로 강제이주되어 북극성 농장에서 얼마나 열심히 일을 했으면 노력영웅 훈장을 받았을까.

강제이주 직후에 고려인들이 정착한 곳에서는 콜호스가 조직되기 시작했다. 타슈켄트에는 북극성, 레닌, 북방의 등대, 전위, 키로프, 몰로토프, 새로운 삶 등의 농장이 있었다. 고려인 특유의 근면성과 생존을 향한 투지는 중앙아시아의 황무지 개척으로 이어졌고, 점차 극동에서와 같은 경제적 안정과 물질적 부를 축적해 나가기 시작했다. 그중에서도 '북극성 콜호스'는 단연 독보적이었으며, 그 중심에 바로 김병화가 있었다.

예비군관으로 장기 군복무를 마친 김병화는 처음에는 '새길 콜호스'에서 건설사업을 지도하며 구역 당 및 소비에트 기관의 주목을 받았다. 얼마 지나지 않아 가장 뒤처져 있던 '북극성 콜호스' 대표로 선출된 그는 늪지대를 매립하여 농장지대를 조성했으며 수확량을 두 배로 증대시켰다. 또 2차 세계대전 때는 밀과 목화를 수확하여 이를 토대로 전투기 생산에 상당한 금액을 기부했다.

이 무렵 한인 콜호스들은 경지면적을 세 배나 늘렸고, 북극성 콜호스도 다섯 배로 토지를 늘려 나갔다. 그 결과 콜호스가 문을 연 지 7년째인 1948년에는 북극성 콜호스의 소문이 중앙아시아 전역에 퍼지게 됐다. 당국은 콜호스의 높은 생산성으로 식량 생산에 기여한 것과 김병화의 탁월한 지도력을 높게 평가하여 1948년, 1951년 두 차례 사회주의 노력영웅 칭호를 내렸다. 이후 콜호스에는 수십 명의 노력영웅들이 배출됐다.

소련에서 경제 · 사회 · 문화적 개발에 가장 뛰어난 업적을 이룬 사람에게 주는 이 훈장은 당시 민간인으로서 받을 수 있는 최고의 훈장이다. 우즈베키스탄에서 총 650명이 이 훈장을 받았는데, 이 중 139명이 고려인이다. 이것만 봐도 고려인의 강인한 집념과 끈기를 알 수 있다.

그런데 농장이 기계화되고 소련으로부터 독립한 후 우즈벡어를 국어로 채택하면서 러시아식 교육을 받고 러시아어만 배워 온 고려인들은 일시에 실업자 신세가 되었다. 할 수 없이 러시아나 한국으로 일자리를 찾아 떠나고 지금은 노인들과 어쩔 수 없는 사람들만 남아 있어 북적이던 고려인 마을은 찾아볼 수 없었다. 박물관 앞 '김병화 거리'는 너무나 적막했다. '이 땅에서 나는 새로운 조국을 찾았다' 던 노력영웅도 지금의 상황을 상상이나 했을까?

내일이면 만날 수 없는 어르신들

타슈켄트 시내에서 30km가량 떨어진 곳에 '시온고' 마을이 있다. 이곳은 1937년 강제이주 이후 한때 고려인 1만여 명이 일하던 아주 번성한 집단농장이었다. 시온고는 연해주 시절 수찬 지역의 '신영거우' 마을에서 온 고려인들이 다시 붙인 이름이다.

이 마을에 '아리랑요양원'이 있다. 경제적 어려움을 겪는 홀로 사는 고려인들에게 삶의 터전을 제공하고 있는 곳이다. 사전에 방문 약속을 했건만 요양원 원장은 토요일이라서 출근하지 않는다며 전화를 끊어 버렸다. 난감했다. 그러자 이정면 박사님이 1차 답사 때 받아 둔 김나영 부원장의 명함을 내놓으셨다. 전화를 걸어 설명하자 지금 바로 요양원으로 오라는 그녀의 밝은 목소리가 그렇게 고마울 수가 없었다.

한국에서 사회복지사로 일하던 김나영 부원장은 아리랑요양원 개원식 때 자원봉사자로 시작했는데, 이제는 이곳 어른들에게 없어서는 안 될 손녀딸 같는 존재가 되었다. 삼십대 초반의 젊은 여성이 어떻게 그런 결심을 했는지, 물 설고 낯선 타국에서 연로한 어른들을 돌보는 일이 아무나 할 수 있는 일은 아니기에 더 고맙고 기특했고 정말 예뻤다.

가을 햇살이 반짝이는 아리랑요양원 뜰은 평온하기 그지없었다. 그런데 며칠 전 강제이주 1세대 네 분 중 한 분이 세상을 뜨셨다는 말을 들었다. 돌아

전 마리아

42

가시기 전 한국에 한번 가보는 것이 소원이었다는 얘기를 들으니 마음이 무거웠다. 그래도 이 요양원은 대한민국 정부와 현지 정부의 지원으로 운영되고 있어 이곳에서 생활하는 분들은 부족함이 없다고 한다. 2인1실인 방 앞에는 이름표가 붙어 있고 취미생활을 할 수 있는 시설이 갖춰져 있다.

우리는 간식시간 강당에 모인 할머니 할아버지들 앞에 서서 차례로 인사를 드렸다. 모두 목이 메었다. 눈시울이 붉어진 우리를 위로하듯 아리랑이 흘러나왔다. 곤고한 그들의 삶을 위로해 주던 그 아리랑이리라. 우리는 얼싸안고 합창을 했다.

그분들의 바람도 한가지였다. 눈 감기 전에 한국에 한번 가보고 싶다는 것. 마음 같아서는 당장이라도 모셔가고 싶었다. 안타까운 마음에 두 손을 꼭 잡고 건강하게 계시면 그런 날이 반드시 올 거라고 했지만, 괜한 기대감을 부풀린 건 아니었을까.

처음에는 자신을 러시아 사람이라고 하던 분들이 이 요양원에 살면서 고려인임을 자랑스러워하며 우리말을 다시 배운다고 한다. 평균연령 83.5세. 매년 두세 분씩 유명을 달리하는 어르신 한 분 한 분이 살아 있는 역사이고 우리가 잊지 않아야 할 분들이기에, 그분들의 기억을 기록해 둘 시간이 많지 않음을 실감했다.

마지막을 의탁할 곳을 마련해 준 고국에 대해 끊임없이 고마워하는 노인들을 보면서 김나영 부원장도 새삼 애국심을 배웠다고 한다. 평생 받을 칭찬을 이곳에서 다 받고 있다는 그가 이런 당부의 말을 전했다.
"된장과 김치를 좋아하고 우리와 같은 말을 하는, 내일이면 찾아뵙지 못할 고려인 어르신들이 머나먼 땅에 아직 살아 있다는 것을 잊지 말아 주세요."

고려인 1세 김아파나시 선생

아리랑요양원을 떠나 차에 올랐으나 마음은 무거웠다. 귀도 어둡고 눈도 잘 안 보여 묻는 말에 허공만 바라보시던 할아버지의 눈망울, 핏기 없는 얼굴과 삭정이같이 메마른 손. 그분들의 소망을 이루어 드릴 수 없는 현실이 안타까웠다.

아리랑 로드 대장정을 떠나기 전 안산에서 일하고 있는 김리타를 찾아갔던 것은 타슈켄트에 살고 있는 그녀의 아버지 김아파나시 선생을 만나기 위함이었다. 그분도 이번 답사에서 꼭 만나야 할 사람이었다. 1937년 강제이주를 경험한 고려인 1세인 그에게 직접 이야기를 듣고 싶었기 때문이다.

강제이주 80년이 된 지금, 그때 20세였던 사람은 모두 100세 전후여서 생존자가 드물다. 답사를 준비하면서 중앙아시아 현지 언론인과 교수 등 알려진 사람들은 연락이 되었으나 고려인 1세를 찾기가 여간 어렵지 않았다. 마침 한 지인으로부터 러시아 친구의 부친이 고려인 1세이며 친구의 여동생인 김리타가 안산에서 일하고 있다는 것을 알았다. 그래서 그녀를 찾아갔었고, 출발하기 전 타슈켄트의 김아파나시 선생과 통화를 하고 오늘 방문 약속을 했던 것이다.

해가 다 기울어가는 오후 6시경 타슈켄트 외곽에 있는 김아파나시 선생 댁을 방문했다. 그의 동생이 큰길까지 나와서 우리를 안내했다. 김아파나시 선생 부부와 동생 부부가 마당에 자리를 마련해 놓고 우리를 기다리고 있었다.

김 아파나시 선생은 다섯 살 되던 1937년 아버지를 따라 하바롭스크에서 타슈켄트로 강제이주되었다. 의학을 공부하여 의사로 일하다 퇴직한 그는 83세라는 나이가 믿어지지 않을 만큼 단단해 보였다. 그는 가족 앨범과 《조선어》, 《한국의 역사》, 《우즈베키스탄 고려인 강제이주 70년 문예집－아리랑 1937》을 보여 주었다. 문예집 이름을 '아리랑'이라 지은 것을 보면 이곳 고려인 사회에서도 아리랑을 우리 민족의 상징으로 인식하고 있음을 알 수 있다. 우리가 담배 이름이나 다방, 미장원, 인공위성 이름을 아리랑이라 짓듯이.

한참 이야기를 나누다 누가 먼저랄 것도 없이 우리는 아리랑을 부르기 시작했다. 손을 잡고 어깨동무를 하고 아리랑을 몇 번이고 불렀다. 그들은 가사를 똑똑히 알고 있었다. '아리랑'과 '도라지타령'은 어디서든 우리가 한 민족이라는 동질성을 확인하는 중요한 모티브였다.

함께 저녁식사를 하러 식당으로 자리를 옮겼다. 현지식으로 푸짐하게 식사를 하면서도 돌아가며 아리랑을 불렀다. 김아파나시 선생이 굳이 저녁을 대접하겠다 하여 우리는 문경아리랑 CD와 작은 선물을 건네고 아쉬운 작별을 했다.

오늘은 벅차고도 고단한 하루였다. 강행군이었지만 가는 곳마다 잊고 있던 한 민족을 만난 기쁨과 감동이 있었다. 내일도 만만찮은 일정이 기다리고 있지만 더 기다려졌다. 그래서 오늘밤도 깊은 잠을 잘 수 있을지 모르겠다.

김블라디미르 작가와의 만남

9월 13일 일요일. 오늘은 고려인으로서는 처음으로 우즈베키스탄공화국 '공로언론인' 칭호를 받은 김블라디미르(한국명 김용택) 작가를 만나는 날이다. 그의 사무실은 타슈켄트 시내에 있는 고려인문화협회 2층에 있었다. 아담한 체구에 수줍은 듯한 미소를 짓고 있었지만 그의 눈빛은 여간 예리해 보이지 않았다. 서울에서 메일을 주고받을 때 그가 부탁한 《멀리 떠나온 사람들》이라는 책을 스무 권 사가지고 갔다. 이 책은 '우즈벡의 고려인이 들려주는 디아스포라 이야기'로 2010년 국내에서 번역 출간된 김용택 선생의 저서다.

1946년 타슈켄트 근교에 있는 고려인 마을에서 태어난 그는 출생 후 석 달 만에 "해방된 조국에 가야 한다"는 아버지를 따라 함경도로 가서 살다가 열두 살 때 우즈베키스탄으로 다시 돌아왔다. 이후 〈레닌기치〉의 기자로 일했으며 타슈켄트 국립대학에서 언론학을 강의하고, 사범대학에서 한국어를 가르쳤다. 그리고 국내에도 알려진 우즈베키스탄 원로 언론인이다.

한참 스탈린에 의한 고려인 강제이주에 관한 이야기가 오갈 때, 우리가 '강제이주'라는 용어를 쓰는 데 비해 그는 '행정이주'나 '특별이주'라는 용어를 써서 조금 당혹스러웠다. 그는 스탈린의 고려인 강제이주에 대하여 우리와 다른 시각을 갖고 있는 건 아닐까? 사실은 '강제'인데 행정이나 특별이라는 말은 강제의 의미를 호도하는 집행자의 용어가 아닌가 싶었다. 마치 '가격인상'을 '가격조정'이라고 하듯이.

이 용어 문제를 놓고 가장 격렬한 반응을 보인 분은 이정면 박사님이다. 우리 민족이 연해주에서 어떻게 일군 삶인데, 강제가 아니면 왜 그걸 팽개쳐두고 화물열차에 실려 왔겠느냐, 그리고 이 땅에 와서 또 얼마나 고통스러운 삶을 살아가야 했는데 '특별이주' 라니 말이 되느냐는 것이었다. 어느 책에서건 고려인 강제이주야말로 스탈린이 저지른 가장 잔혹한 만행이었다고 기록되어 있다며 눈시울을 붉히기까지 했다.

우리는 이 박사님 의견에 백 퍼센트 동의하지만 김용택 작가의 심중이 너무 궁금했다. 돌아와서 이 용어에 대해 알아보니, 이주된 고려인에 관한 소련 당국의 공식적 용어는 '행정적 이주민' 이었고, 이주된 고려인들은 당국으로부터 사회적 위험인물을 뜻하는 '특별이주민' 에 관한 규정을 적용받았던 것이다. 그래서 고려인들은 모두 공민증을 회수당하고 지정된 지역을 이탈할 자유가 없었으며 비밀경찰의 엄중한 통제 속에 살았던 것이다.

우리가 고려인문화협회에 갔을 때 또 한 사람, 고려인 3세 한블라디슬라프 씨가 같이 있었다. 그는 김용택 작가처럼 우리말을 잘하지는 못했는데 계속 우리 대화에 관심을 기울였다. 그 자리에서는 자신에 대해 말을 아끼더니 나중에 알고 보니 1910년대 연해주에서 활동한 독립투사 한창걸 대장의 손자였다. 한 대장과 한성걸, 한알렉산더 삼형제 모두 독립투사였다. 그의 조부 한창걸은 1차 세계대전 때 러시아군 기관총 사수로 참전했으며 연해주 수찬 지역에서 빨치산 부대를 조직하여 독립운동을 하였다.

우리가 자리에서 일어서자 김용택 작가는 자전적 소설 《김가네》 러시아판을 사인해 주며 한국에서 꼭 번역 출판되기를 희망한다는 간곡한 부탁을 했다. 그의 일생이 담긴 이 책의 내용이 궁금하지만 아직 출판으로 이어지지 못해 아쉽기만 하다.

치르치크 갈대밭에서 부른 아리랑

타슈켄트로 실려 온 고려인들이 처음 모여 살았다는 치르치크 강변 갈대밭을 향해 가는 길에 이곳의 중심지인 아미르 티무르 광장에 잠깐 들렀다. 사마르칸트 출신인 아미르 티무르는 우즈베키스탄 역사상 가장 위대한 영웅이다. 우즈베키스탄은 소련으로부터 독립하면서 레닌 동상을 철거하고 그 자리에 그의 동상을 세웠다.

타슈켄트는 2,200년의 역사를 가진 중아아시아에서 가장 큰 도시다. 톈산산맥 줄기에서 흘러내려오는 치르치크 강을 끼고 세워진 이곳은 1991년 소련으로부터 독립하면서 우즈베키스탄 수도가 되었다.

한참 달리다보니 수많은 굴뚝에서 흰 연기가 솟아오르는 공장지대가 나타났다. 갈대밭이 아닌 자갈밭을 지나 강이라고 하기엔 너무 초라한 치르치크 강변에 이르렀다. 이곳에 강제 수용된 고려인들은 지정된 지역을 벗어나면 24시간 내에 추방명령을 받았다. 그렇게 비밀경찰의 감시 속에 스탈린이 죽을 때까지 16년 동안 한 곳에 갇혀 포로처럼 살았다.

고려인들은 생존을 위한 처절한 투쟁을 해야 했다. 갈대숲을 베고 물을 말리고 수로를 파서 강물을 끌어들여 논을 만들었다. 그리고 "굶어 죽어도 종자는 베고 죽는다"는 속담처럼 연해주에서 보물처럼 싸가지고 온 볍씨를 심었다. 그리고 새벽부터 해가 지도록 논밭에서 살았다.

수천 년 묵은 갈대밭에서 벼가 자라나고 강제이주 후 절망에 빠진 고려인들은 이렇게 콜호스를 중심으로 일어섰다. 그때 그들은 이 아리랑을 부르며 억척스런 삶을 이어갔을 것이다.

치르치크 아리랑

치르치크 아라리요 아리랑 아라리요
아리랑 아리랑 아라리요
아리랑 얼싸 아라리요
수십 년 전 이 고장에 와 우리가 심은 백양나무 자라
치르치크 풍년벌을 지켜오며 우거진 녹음은
농부들의 쉼터 되었네
오늘도 쉼 참에 거기 모여 있구나

치르치크 지역에 밀집해 있던 30여 개의 집단농장은 고려인들에게 안정적인 생활기반이 되어 주었다. 그러나 소련 붕괴 후 대부분의 집단농장이 해체되고 그곳에 살던 고려인들은 다시 살길을 찾아 도시로 빠져나갔다. 치르치크 강변 콜호스 지역은 도시로 떠나간 고려인들에게 또 다른 고향이 되었다.

집단농장의 젓줄이 되어 준 강물을 바라보며 치르치크 아리랑을 흥얼거리는데 해가 뉘엿거리는 강변에 한 청년이 소를 몰고 가고 있었다. 그의 뒷모습이 우리를 80여 년 전 이곳에 첫발을 내려놓으며 서러워했을 고려인의 환영 속으로 이끌었다. 우리는 해를 등지고 서서 치르치크 강물 위에 우리의 긴 그림자를 띄워 보냈다.

고대가 숨쉬는 부하라

우즈베키스탄에 와서 그냥 지나칠 수는 없는 두 곳, 중세 실크로드 문화의 중심지 부하라와 사마르칸트로 가기 위해 공항으로 향했다.

2,500년 시간을 거슬러 중세도시의 모습을 그대로 간직하고 있는 부하라. 타슈켄트에서 그곳까지는 서쪽으로 500km. 비행기를 타고 공항에 도착하니 "여기서부터 부하라 공항 밖으로 나갈 때까지 사진 찍지 마세요. 만일 찍다가 경찰에 걸리면 출국 못할 수도 있어요" 하고 가이드가 또 주의를 주었다. 순간 기대가 한풀 꺾이는 기분이었다. 하지만 점심 식사를 하는 동안 서역과 중국을 잇는 실크로드의 오아시스에 대한 궁금증은 더해 갔다.

우즈베키스탄은 '숨'이라는 화폐단위를 쓴다. 6명 식사에 19만 숨, 맥주 네 잔에 9만 숨을 냈다. 1달러당 은행환율은 2,000숨, 시장환율은 4,300숨. 그런데 2016년 말 우즈베키스탄 시장환율은 1달러당 6,970숨, 만약 100달러를 환전한다면 697,000숨! 정말 숨이 막힌다.

우리 돈으로 둘이서 2만 원치 식사를 한다면 100만 숨이 훌쩍 넘는다. 식사 비로 지폐를 뭉텅이로 지불하고 식당을 나왔다. 여기서는 돈을 등에 지고 다녀야 한다.

시간 여행의 종착역 부하라 거리를 천천히 걷다 보면 칼란 모스크와 미너렛이 우뚝 솟아 있다. 부하라를 상징하는 탑이다. 한꺼번에 1만 명이 모여 기도할 수 있는 거대한 모스크와 꼭대기에서 불을 지펴 사막의 등대 역할을 했던 미너렛. 숱한 외침 속에서도 지금까지 건재한 이 탑은 실크로드를 오가는 카라반들에게 길을 안내하던 없어서는 안 되는 존재였다.

왕들이 살던 아르크 고성은 사암으로 된 흙벽으로 높이 둘러싸여 있어 마치 요새 같다. 안쪽은 방들이 미로같이 이어져 있어 어지러울 정도인데, 7세기에 이런 건축기술이 있었다니 놀랍기만 하다. 고성을 돌아나오면서 한국 관광객들을 만났다. 그들은 우리 배낭에 붙어 있는 '아리랑 로드 10만km 대장정' 표지를 보고 와~ 하고 반갑게 손을 흔들어 주었다. 저녁에는 행상들의 숙소였다는 리비하우스에서 전통공연을 보고 부하라에서의 짧은 하룻밤을 보냈다.

문화의 교차로 사마르칸트

사마르칸트로 가기 위해 아침 일찍 부하라 역으로 갔다. 가이드 말이, 기차 타는 데 여권을 다섯 번 조사한단다. 그런데 화장실 입구에서 여권 보자는 것까지 여섯 번 조사를 당했다.

이런 번거로운 과정을 거쳐 플랫폼으로 나가니 열차가 대기하고 있었다. 무거운 가방을 들고 승강구로 올라갔다가 반대편 승강구로 다시 내려갔다. 우리 열차는 철로 하나 건너편에 있었다. 어리둥절했다. 그런데 군인들이 떼를 지어 이불 보따리를 들고 열차에 올랐다. 아니, 이 나라는 군대 갈 때 이불을 가지고 가느냐고 물었더니, 이들은 지금 목화 따는 데 동원되어 간다는 것이었다. 그동안 가이드가 목화밭을 찍지 못하게 한 까닭을 알 것 같았다. 이런 모습이 밖으로 나가면 유비통신이 가만 있지 않을 것이다.

유네스코 세계문화유산인 사마르칸트는 예부터 동방의 낙원, 중앙아시아의 로마, 황금의 도시로 불릴 정도로 주목받아 왔다. 그만큼 동서양을 잇는 '문화의 교차로'이자 용광로였다. 14, 15세기 티무르 제국시대에 큰 번영을 누렸던 이 도시의 랜드마크는 비비카눔 모스크이고 중심지는 레기스탄 광장이다.

'모래의 땅'이라는 뜻을 가진 레기스탄 광장을 둘러싸고 있는 건물은 모두 이슬람 교리를 가르치던 마드라사, 즉 신학교다. 티무르의 조카 울루그베그 왕이 지은 마드라사 정면에는 천문학자 울루그베르를 상징하는 별 문양이 장식되어 있고, 건물 안은 규칙적인 아치 모양의 입구가 달린 방이 셀 수 없이 많다.

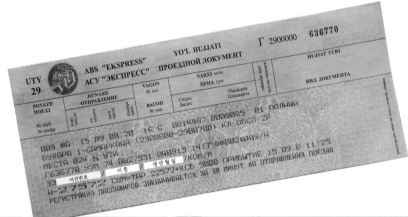

그리고 우즈베키스탄의 200숨짜리 지폐에 등장하는 시르도르 마드라사는 전체가 푸른색 타일로 되어 있어 신비한 분위기를 자아냈다. 1636년에 지은 이곳의 멋진 천장화를 올려다보면서 벌어진 입을 다물 수가 없었다.

레기스탄 광장의 세 건축물 중 최고로 꼽히는 티라카리 마드라사는 무척 호화스러웠다. 황금으로 장식된 천장과 기도실 미흐라브는 사마르칸트의 찬란한 문화를 응축해 놓은 듯했다. 이슬람 교리는 물론 천문학, 철학, 수학, 과학 등 학문의 번성기를 주도해 나갔던 이 마드라사들이 지금은 기념품 가게들로 넘쳐나 아쉬웠다. 하지만 죽기 전에 꼭 가봐야 할 곳임에는 틀림없다.

그런데 가슴을 쓸어내리게 한 사고가 있었다. 레기스탄 광장을 돌아보고 잠깐 쉬기 위해 음료수 파는 곳을 향해 계단을 내려가고 있었다. 그때 앞서가던

서 작가 뒤에서 이 박사님이 쿵 소리와 함께 시멘트 바닥으로 넘어지셨다. 마지막 계단에서 걸음이 꼬여 그만 나둥그러지신 것이다. 순간, 이번 여행은 여기서 끝났구나 하는 생각이 들었다. 몸무게에 눌려 팔꿈치가 박살이 나거나 다리가 온전하지 못하리라는 불안감에 "박사님!" 하고 소리를 지르며 달려갔다.

박사님도 아찔했는지 가만히 계시더니 천천히 일어나셨다. 그리고 걱정스런 얼굴로 쳐다보는 우리를 향해 "나 괜찮아. 넘어질 땐 어디든 깨졌을 거라고 생각하고 여러분에게 미안해서 어쩌지 했는데, 아리랑을 끝까지 해내라는 사명을 주신 것 같아. 그런 확신이 들었어!" 하시는 것이었다. 오 마이 갓!

또 한번 아리랑 고개를 잘 넘겼다는 안도감에 가슴을 쓸어내리며 애절한 전설이 전해 오는 비비카눔 모스크로 걸음을 옮겼다.

레기스탄 광장 동쪽 거대한 출입문과 하늘을 향해 두 개의 미나렛이 우뚝 솟아 있는 비비카눔 모스크. 티무르 왕은 여덟 명의 왕비 중 가장 사랑했던 비비카눔을 위해 이 모스크를 지었단다. 그런데 왕비를 짝사랑하던 한 건축가의 도둑 키스로 왕비의 뺨에 붉은 자국을 남긴 것이 비극의 씨앗이었다. 화가 난 티무르가 건축가와 비비카눔을 탑 꼭대기에서 밀어 떨어뜨렸다. 그리하여 이 모스크가 완성되었을 때 티무르 곁에는 비비카눔이 없었다는 것이다.

안으로 들어서자 이방인을 환영하듯 새들이 푸드득 날아올랐다. 그런데 흩어져 있던 벽돌들이 이렇게 속삭이는 듯했다.

"여러분, 사랑에 속지 마세요!"

출처 네이버

66

찬란한 문화유적에 매료되어 들떠있던 우리는 점심 약속을 해 둔 식당에서 멋진 고려인 대학교수를 만났다. 엄안토니나. 사마르칸트 국립외국어대 한국어과 학과장을 지낸 인텔리 여성이다. 연해주에 살던 부모님이 1937년 강제이주 때 사마르칸트에 정착했다는데, 그 어머니가 얼마 전 100세가 다 되어 돌아가셨다고 한다. 어머니 생전에 만났으면 강제이주 때 이야기를 실감나게 들을 수 있었을 거라며, 이주 초기에 당국이 재산 반환 약속을 지키지 않고 거주 이전도 제한하는 등 고려인들이 죽음의 고통을 겪고 있을 때 우즈벡이나 카자흐 사람들이 '눈물의 빵조각'을 건네며 고려인들의 정착을 도와주었다고 한다.

사마르칸트 칼 마르크스 콜호스에서 태어난 엄 교수는 우리말만 듣고 컸으나 학교에 다니면서 러시아어를 배웠는데, 나중에 대학에서 한국어를 가르치면서 한국어와 고려말이 많이 다르다는 것을 알았단다. 중앙아시아 고려인이 사용하는 우리말의 뿌리는 함경도인데 신맛을 뜻하는 '시쿠다'처럼 발음이 변한 것도 있지만 부추를 '염지', 찐빵을 '만티'라고 하는 등 어원을 알 수 없는 것이 많다면서 고려말 사전을 만들기 위해 자료를 모으고 있다고 한다.

엄 교수의 모습은 옷과 액세서리도 화려했지만 화장이 매우 짙었다. 배우 같다고 했더니 소수민족으로 살아가면서 주눅들지 않고 당당한 모습을 보이기 위해 일부러 꾸민다고 한다. 이를테면 보호색 같은 것. 적들의 공격을 피하고 자신의 몸을 보호하기 위해 눈에 띄지 않게 하는 것을 보호색이라 하지만, 그와 반대로 오히려 드러나게 꾸며 상대를 제압하는 것도 훌륭한 처세라는 것을 그들은 체험으로 알고 있었던 것이리라.

점심식사를 하면서 우리와 긴 이야기를 나눈 엄 교수가 저녁에 친구들을 모아놓을 테니 다시 만나자고 했다. 뜻밖의 제안에 우리는 신이 났다.

저녁 약속 시간까지 우리는 꼭 가봐야 할 곳이 있었다.

먼저 751년 중앙아시아 최초로 종이를 만들었던 제지공장을 찾았다.

종이는 AD 105년 중국 낙양에서 처음 만들어져 4세기경 고구려로 전해졌다. 고구려가 망한 뒤 당나라로 끌려간 고구려 장수 고선지는 후일 고구려인 부대를 거느리고 당나라군의 선봉장이 되어 실크로드를 평정했다. 그러나 탈라스 전투에서 아랍연합군에게 패해 2만 명의 당군이 포로로 잡히고 말았다. 이때 고선지 휘하의 고구려인들의 제지술이 사마르칸트와 서역에 전해졌다.

옛 방식대로 종이 만드는 과정을 시연해 보이고 종이로 만든 공예품들을 전시해 놓은 작은 공장이었지만 고구려인들의 기술로부터 비롯된 의미 있는 곳이기에 눈여겨보았다. 거기서 만든 그림엽서와 종이가방을 기념으로 샀다.

시내가 한눈에 내려다보이는 언덕에 오르자 아프라시압 박물관에 7세기 중엽 사마르칸트 와르흐만 왕 시기의 궁중 행사를 그린 벽화가 있었다. 이 벽화에 고구려 사신 두 사람이 등장한다.

1965년 이 벽화를 발굴한 소련의 고고학자 알리바움은 벽화 가장 오른쪽 모서리에 있는 두 사람을 주목했다. 이들은 머리에 깃을 꽂은 관(鳥羽冠)을 쓰고 윗도리는 좌임(왼쪽으로 옷을 묶음)을 했으며, 고리 모양의 손잡이가 달린 긴 칼(環頭大刀)을 차고 있다. 그는 다른 곳의 고구려 고분벽화에서 관에 깃을 꽂은 사람들이 있는 것을 발견하고 이들이 고구려에서 왔다고 결론지었다. 7세기 중엽 고구려는 당나라에 대항하기 위해 내륙아시아와 동맹을 맺고자 했으므로 사마르칸트까지 사신을 파견했음을 증명해 주고 있다.

언덕을 내려오는 길목 공동묘지에서 뜻밖에 우리와 같은 얼굴이 새겨진 비석을 만났다. 1937년 이곳으로 강제이주 당해 온 고려인들. 머나먼 이국 땅에서 억척같이 살아온 이들의 유택이다. 쓸쓸했다. 긴 세월 지나 한 민족의 후손들이 옷깃을 여미며 고개를 숙였다. 석양빛에 물든 비석들이 외로워 보이지 않기를!

엄안토니나 교수와 여성 여섯 분이 기다리고 있는 식당을 찾아갔다. 고려인 2세 김니나 파블로브나, 정바랴, 이알라, 3세 김갈리나, 양루드밀라, 김아샤. 모두 개성 있고 활달해 보였다. 그들은 멀리 고국에서 찾아와 주어 고맙다는 인사를 했고, 우리는 우리를 만나주어 더 감사하다며 악수를 청했다.

김야샤 씨가 먼저 강제이주에 대해 들려주었다.

"부모님 말씀이 화물차에 타기 전에는 아무것도 몰랐다고 합니다. 출발하기 전에 이런 소식을 듣고 모스크바에 항의 서한을 보낸 사람들은 감쪽같이 사라지고 말았대요. 기차를 타고 와서 내린 곳이 모래땅이었는데, 땅을 파고 토굴 속에서 겨울을 지나니 많은 사람이 죽었답니다. 그런데 우즈벡 사람들이 와서 빵을 주었다고 해요. 봄에 밀씨를 받아 농사를 짓기 시작했답니다. 그때부터 한국말 사용이 금지되고 학교에서 배운 러시아말이 일상화되었지요. 그래서 할아버지 할머니 살아 있는 집만 한국어를 알고 있었답니다."

집에서는 한국어를 쓰고 밖에서는 러시아어를 쓰는 고려인. 엄 교수는 이렇게 말했다.

"우리가 태어난 곳, 태어난 나라는 고를 수 없어요. 여기서 태어나 소수민족으로 살다보니 월세로 살고 있는 느낌입니다. 주인이 나가라 하면 나가야 하는 느낌으로 사는 거지요."

디아스포라의 한이 묻어나는 말이다.

그래도 그들은 아리랑 노래를 잘 알고 있었다. 이야기가 무르익자 손에 손을 잡고 아리랑을 불렀다. 흥이 나서 스테레오 볼륨을 높이고 함께 춤도 추었다. 그들은 아리랑뿐 아니라 다른 한국 노래도 잘 불렀다. 멀리 떠나와 우즈베키스탄이 고향인 그들에게 한국은 언제든 돌아가고 싶은 그리운 조국인 것이다.

이튿날 다시 타슈켄트로 돌아가기 위해 사마르칸트 역으로 향했다. 그런데 거기에 엄 교수가 나와 있었다. 그날 보드카 한 병과 리뾰시카를 건네며 친정 오빠와 여동생을 배웅하듯 아쉬워하던 엄 교수의 표정을 잊을 수가 없다.

몇 달 후 답사를 마치고 온 아리랑 로드 대장정 팀을 취재하겠다는 주간조선 황은순 차장의 제의를 받고 엄 교수와 통화를 했다. 얼마나 반갑고 그리운지 가슴이 먹먹했다. 우리는 울먹이는 목소리로 안부를 전하며 다시 한 번 만나자는 약속을 했다.

오후 5시 사마르칸트에서 타슈켄트로 가는 아프라시압 고속열차를 탔다. 우리가 역 안으로 들어갈 때까지 손을 흔들어 주던 엄 교수를 뒤로하고 열차는 평원을 달리기 시작했다. 뒷자리에 앉은 이정면 박사님과 류승호 부대장은 무언가 열심히 메모를 하고 있고, 앞자리에 앉은 류승률 사진작가와 서용순 작가는 눈을 감고 생각에 잠겨 있었다.

우즈베키스탄 한국 대사의 초대

한 시간쯤 달리자 하늘이 차츰 붉어졌다. 황혼녘 넓디넓은 평원을 달리는 열차 안에서 여행자의 감회에 젖지 않을 수 없었다.

그때 전화벨이 울렸다. 우즈베키스탄 한국대사관 이욱헌 대사가 저녁에 우리를 관저로 초대하겠다는 것이었다. 기대는 안했지만 깜짝 놀랐다. 서울을 떠나오기 전 연합뉴스 홍덕화 기자가 우리 팀을 격려하면서 자신의 고등학교 동창인 이욱헌 대사를 소개해 주었다. 그리고 이 대사에게 아리랑 로드 대장정 팀이 그곳에 간다는 메시지를 보냈던 것이다. 그래도 그렇지, 우리는 개인적인 답사대이고 대사는 공무를 수행하는 사람인데 따로 시간을 내어 관저로 초대한다는 건 보통일이 아니었다.

저녁 7시 10분경 타슈켄트 역에 내린 우리는 서둘러 대사관저로 향했다. 러시아워의 교통사정은 이곳도 예외가 아니었다. 8시가 다 되어 도착한 우리를 따뜻하게 맞아 접견실로 안내했다.

이욱헌 대사는 왜 아리랑 로드 대장정을 하게 되었는지, 특히 구순이 넘은 연세에 강행군을 하고 계시는 이 박사님의 이야기가 궁금한 듯했다. 이 박사님은 왜 자신이 아리랑에 천착하게 되었는지 그 이야기를 담담하게 들려주었다.

"나는 조국을 떠나 미국에서 반백 년을 살아왔습니다. 다행히 대학교수로 잘 살아왔지만 남의 나라에서 왜 어려움이 없었겠습니까. 석양 무렵 운전을 하고 집으로 돌아갈 때면 왜 그리 외롭고 또 그리움이 밀려오는지…. 그때 나도

모르게 흥얼거리게 된 것이 아리랑이었지요. 아리랑을 부르고 나면 그렇게 위로가 되더라구요. 그래서 은퇴를 하고 아리랑을 제대로 공부하기 위해 조국을 찾았습니다. 먼저 남한 4대 아리랑 발상지인 서울 경기, 정선, 밀양, 진도를 답사하며 관계자들을 만나고 자료를 구했습니다. 그렇게 해서 《한 지리학자의 아리랑 기행》이라는 책을 냈지요. 그랬더니 만나는 사람들마다 아리랑을 영어로 써달라고 해요. 처음에는 난감했지요. 하지만 어쩌면 그것이 내가 할 일이 아닌가 싶었어요. 그리고 미국의 반전운동가 피터 시거를 만났을 때 아리랑을 극찬하면서 세계에 알려야 한다는 말을 듣고는 결심했지요. 그래서 출판한 책이 "Arirang, Song of Korea"예요. 영문판이 나오자 조선일보에서 인터뷰 요청이 있었어요. 그 기사를 보고 뉴욕에 있는 북한 참사관이 이메일로 그 책을 볼 수 없겠느냐는 거예요. 그래서 다섯 권을 뉴욕으로 보냈더니 왜 남한 아리랑만 썼느냐며 북한 아리랑도 써달라는 것이었어요. 가보지도 않고 자료도 없는데 어떻게 쓰느냐고 했더니 초청을 하겠다는 거였어요. 그래서 주변 사람들이 모두 말렸지만 혼자 평양에 가서 열흘간 연구자들을 만나고 자료를 얻어 와 "Arirang of Korea : Han, Sorrows and Hope"이라는 책을 냈습니다. 그러고 보니 아리랑에 대해 감이 잡히면서, 우리 아리랑이 지금 세계 사람들이 부르는 노래가 되었는데 외국으로의 전파 경로를 찾아보자 싶어 아리랑과 관련 있는 곳을 답사하기 시작했어요. 그래서 아리랑이 학문으로서 연구되어야 한다는 확신을 갖게 되었고, 그 시작이 '고려인의 강제이주와 아리랑'을 정리하는 겁니다. 이 일은 조국을 위해 내가 마지막으로 할 수 있는 일이라고 생각합니다."

이 박사님의 말씀이 끝나자 이욱헌 대사는 진심어린 표정으로 경의를 표했다.

우리 세 사람도 그랬다. 오직 아리랑을 연구하기 위해 국내 관련 지역은 물론 동남아시아, 중앙아시아, 삼바의 고장 남미, 그리고 평양까지 다녀오고 아리랑 책을 세 권 집필하신 이 박사님의 열정과 끈기에 감화되어 이 대장정에 동참한 것이었다.

"정부가 할 일을 대신하고 있는 여러분에게 감사하다"는 인사를 들으면서 우리는 정말 기뻤다. 제 시간과 돈을 써가며 왜 그런 일을 하느냐고 묻는 이들에게 할 말이 생겼기 때문이었다.

"이제는 코리아 디스카운트 시대가 아니라 코리아 프리미엄 시대입니다" 하며 우리나라의 국제적 위상을 설명해 주던 이욱헌 대사의 선한 모습에서 자긍심과 자부심을 느꼈던 기억이 생생하다.

타슈켄트를 떠나 알마티로

타슈켄트 일정을 마치고 카자흐스탄 알마티로 떠나는 날 아침, 6박7일 동안 우리를 도와준 가이드와 작별의 시간이 왔다. 한국어도 잘하고 역사에 대한 지식도 풍부해 답사 기행을 더욱 알차게 해 준 그녀에게 감사 인사를 전했다.

고려인 3세인 이마리나. 고려인 어머니 성을 따랐다. 우즈베키스탄에 살지만 한민족으로서 정체성을 지키고 싶은 것이리라. 그러나 그녀는 "우즈베키스탄에 사는 고려인의 여권에는 민족이 표시되어 있어요. 만일 당신은 어느 나라 사람이냐 물으면 우즈베키스탄에 사는 고려인이라고 말합니다"라고 했다. 그리고 "기회가 되면 한국에 가서 살고 싶으냐?"라는 물음에는 고개를 저었다. '한민족'이지만 '한국사람'일 수 없는 것이 중앙아시아의 고려인인 것이다.

9월 17일 목요일 12시 타슈켄트 공항을 출발한 우리는 2시간 30분 후 카자흐스탄 알마티 공항에 도착했다. 우리를 맞아 준 노현주 씨의 첫인상이 푸근해 보였다. 대학에서 러시아어를 전공한 그녀는 5박6일 동안 우리를 세심하게 안내해 주었다.

알마티는 키르기스스탄과 중국 국경에 가깝고 톈산산맥 산기슭에 위치해 있어 타슈켄트와는 공기부터 달랐다. 왠지 차갑고 경직된 분위기가 느껴졌다. 또 일정도 일주일이 넘어가니 피로가 몰려왔다. 우리는 오후 일정을 줄이고 김치찌개를 먹으러 한국 식당으로 갔다. 개운하고 맛있었다. 역시 김치를 먹어야 힘이 나는 민족이다.

고려일보사 남경자 주필

다음 날 10시 고려일보사에서 남경자 주필을 만났다. 우리가 찾아온 이유를 설명하자 그는 수줍은 미소를 지으며 자기소개를 했다.

"나는 사할린에서 태어나 학생 때 사할린신문사에서 채자(採字) 일로 시작하여 라디오 방송국 기자를 거쳐 크질오르다, 알마티에서 근무했습니다. 그리고 칠십이 넘었는데 혼자 한국어판을 만들어요. 한국말을 하고 쓸 줄 아는 사람이 없기 때문이에요. 컴퓨터로 기사 쓰고 번역하고 디자인하고 인터뷰까지 하느라 8년째 휴가도 못 가고 일하고 있습니다."

그러면서 "한국에서 기사를 보내 주면 고려일보에 싣겠다"고 덧붙였다.

우리는 문경아리랑 CD를 건네며 아리랑을 알고 있는지, 이곳에 사는 고려인들은 언제 아리랑을 부르는지 물어보았다. 그는 사할린에 있을 때 어른들이 부르던 아리랑, 나그네 설움, 황성옛터 등의 노래를 배웠다고 한다. 그리고 우리 노래 가락인데 어찌 부르지 않겠느냐며 명절 때 모여서 부른다는 것이다.

아리랑은 이렇게 한민족의 밥이요 삶으로 면면히 이어져 역사가 되고 희망이 되고 있음을 다시 확인했다.

인터뷰를 하는 방 캐비닛에는 오래된 〈고려일보〉와 〈레닌기치〉가 연도별로 채곡채곡 쌓여 있었다. 1923년 3월 1일, 항일투쟁의 근거지였던 블라디보스토크에서 〈三月一日〉이라는 한글신문이 창간되었다. 신문 제호는 창간과 더불어 그 신문의 성격과 정체성을 드러내게 된다. 이 신문은 3·1운동이라는 항일투쟁의 의미를 담고 있다. 그러나 곧 〈선봉〉으로 이름이 바뀌었고, 소련으로 망명

한 작가 조명희는 '짓밟힌 고려'라는 산문시를 여기에 실어 연해주 조선인 사회에 '고려'라는 용어를 확산시키기에 이르렀다.

강제이주 후 〈선봉〉은 크질오르다에서 다시 〈레닌기치〉로 제호를 바꾸었고, 1978년 신문사를 알마티로 이전했다. 그리고 소련이 붕괴한 후 1991년 〈고려일보〉로 또다시 제호를 바꾸어 지금까지 발행되고 있다. '고려'는 중앙아시아 한인들의 뿌리를 나타내는 상징어이고, 〈고려일보〉는 지금까지 중앙아시아에서 모국어를 지키는 최후의 보루 역할을 하고 있다.

남경자 주필과 인터뷰를 하는 중에 작은 해프닝이 있었다. 어떤 남자분이 서울에서 온 사람들을 찾는다며 불쑥 들어온 것이다. 사전에 연락을 한 적이 없는 분이어서 어리둥절했다. 그런데 알고 보니 우리가 만나려고 했던 분과 이 분의 전화번호가 바뀌어 어제 통화를 했던 것이었다.

생각지도 않던 이 분을 여기서 만나게 된 건 기막힌 우연이었다. 다음 날 크질오르다에서 만나게 될 고려인 민족운동가 계봉우 선생의 막내아들인 계학림 씨의 조카, 즉 계봉우 선생의 손자였던 것이다. 우리는 그에게서 계봉우 선생 애기를 미리 듣게 되었으니 여간 다행스러운 일이 아니었다.

이어진 점심식사 자리에서도 이야기꽃이 피어났다. 민족계몽가 계봉우 선생은 중앙아시아로 강제이주되어 크질오르다에 정착한 뒤 고려중학교에서 '고려국어'를 가르치고 시를 창작하며 민족어와 민족역사 연구에 몰두했다는 것, 〈고려일보〉 전신인 〈레닌기치〉에 몇 편의 시를 기고하면서 '바보'라는 이름으로 발표했다는 것, 그리고 1995년 광복 50주년을 맞아 대한민국 정부가 건국훈장 독립장을 추서했다는 것이다.

그래서 내일 크질오르다에서 만나게 될 민족운동가 계봉우 선생에 대한 기대가 한껏 높아졌다.

고려인의 사회적 구심점 크질오르다

크질오르다와 우슈토베는 알마티에서 멀리 떨어져 있는 오지다. 이 두 곳은 1937년 강제이주 당한 고려인들이 많이 정착해 살았던 피눈물이 어린 곳이다.

알마티에서 비행기를 타고 크질오르다 공항에 내렸다. 고려인협회에서 나온 분들이 반갑게 맞아 주었다. 그들과 함께 바로 크질오르다 역으로 갔다.

크질오르다는 시르다리야 강 연안의 오아시스에 위치한 도시로 주변에서 산을 찾아볼 수가 없다. 맑고 푸른 하늘을 배경으로 서 있는 흰 바탕에 베이지색이 섞인 역사 건물은 엊그제 지은 것처럼 깨끗했다. 고려인을 실은 열차도 이보다 조금 늦은 가을쯤에 도착했을 것이다. 비가 오지 않았다면 오늘처럼 좋은 날 저 아름다운 건물에서 죽을 만큼 지쳐 버린 고려인들이 걸어 나왔을 것이다. 상상이 안 되었다. 도무지 어울리지 않는 그림이기 때문이다.

잠시 이런 상념에 빠져 있는데 역사 앞이 갑자기 소란해졌다. 구형 코란도처럼 생긴 지프 한 대가 큰 소리로 스피커를 울려대며 돌아다녔다. 가이드 말이, 높은 사람이 오는 것 같다면서 거리 단속 중이니 사진을 찍지 말라고 했다. 30여 분 뒤 거리는 다시 조용해졌다.

우리는 광장에서 역사 옆을 지나 플랫폼으로 들어갔다. 화물차와 현대식 열차가 철로 위에 줄지어 있었다. 그 광경을 찍고 있는데 류승호 부대장에게 문제가 생겼다. 사진을 찍는다고 플랫폼의 노점상이 신고를 해 역무원이 와서 사무

실로 연행해 가고 있었다. 당황해하는 우리를 대신해 마침 역에 함께 나와 있던 고려인협회 김율리 씨가 나서서 상황을 모면했다. 이곳은 아직 공산주의 잔재가 남아 있어 안 되는 것이 많다. 하지만 러시아인들 속에 살면서도 고려인들은 무시당하지 않고 그 사회에서 상당한 영향력을 발휘하고 있음을 알 수 있었다. 그것은 오후에 농장에 나가서도 확인되었다.

블라디보스토크를 출발한 강제이주 열차가 처음 도착한 곳이 우슈토베라면, 실제로 중앙아시아 한복판으로 옮겨 온 고려인들의 사회문화적 구심점이 된 곳은 크질오르다였다. 고려인들이 원동에 세웠던 원동사범학교의 후신인 크질오르다 사범대학(현 크질오르다 국립대학)은 시내 중심가에 있었다.

　우리가 이 대학에 도착한 것은 토요일 정오 무렵이었다. 동아리 수업을 마
치고 나오는 학생들과 현관 입구에서 만났다. 그들은 한국을 잘 알고 있었고 고
려인에 대해서도 알고 있었으나 아리랑은 고개를 갸웃했다. 그러나 이정면 박
사님이 92세라는 것과 우리가 한국 민요 아리랑을 탐사하러 여기까지 왔다는
말을 듣고 놀라워했다.

　그때 아리랑을 함께 부르자며 선창을 하니 모두 큰 소리로 따라 불렀다. 우
리는 어깨동무를 하고 몇 번이나 반복해서 불렀다. 노래가 끝나자 학생들은 박
수를 치고 환호하며 "We love Korea, Korea!"를 연호했다. 아리랑은 이렇게
금세 하나가 되는 노래인 것이다.

계봉우 선생과 홍범도 장군

　크질오르다 외곽에 있는 공동묘지에 계봉우 선생과 홍범도 장군 묘지가 가까이 있다. 지금 이곳을 계봉우 선생의 막내아들 계학림 씨가 관리하고 있다.

　1991년 소련이 해체되고 고려인에 대한 관심이 고조되면서 한국 학자들과 언론매체들은 계봉우 선생을 비롯한 진보적인 고려인 민족운동가들을 연구하고 평가하기 시작했다.

　함경도 영흥 출신의 독립운동가이자 역사학자인 계봉우 선생은 간도, 원동, 크질오르다 등지에서 교육 분야 활동을 통해 독립운동에 적극 참여했다. 그리고 강제이주 후 일제의 동화정책인 식민지 사관에 반대하는 《조선역사 1, 2권》 등 많은 저서를 편찬하여 보급했다. 또 상해 임시정부에 참여하여 북간도 대표로 의정활동을 펼치고, 상해파 고려공산당에 가담하여 독립자금을 수령하기 위해 레닌 정부에 대표로 파견되기도 했다. 그러고 보니 이런 업적들에 비해 아직 선생에 관한 연구나 평가는 미흡하다는 생각이 들었다.

　그래도 선생의 흉상과 이력을 새겨 놓은 비석 옆에 부인 김야간의 묘비도 함께 있어 외롭지는 않아 보였다. 또 구십이 다 된 막내아들이 두 분의 유택을 돌보고 있으니 얼마나 흐뭇할까. 흉상의 표정이 살짝 미소를 머금고 있는 듯했다.

　　봉오동 전투를 승리로 이끈 대한독립군 총사령관 홍범도 장군. 일찍 고아가
된 그는 머슴, 광산노동자, 사냥꾼 등으로 생계를 이어가고 있었다. 그런데 일
제가 포수들의 총을 회수하려 하자 산포대(山砲隊)라는 무장단체를 조직하여 의
병운동에 뛰어들었다. 그리고 강원도, 함경도 등 국내 전투에서 무장투쟁을 벌
이다가 블라디보스토크로 망명했다.

1910년 한일합병이 되자 연해주 지역에서 개별적으로 활동하던 홍범도, 이범윤, 유인석 부대들은 하나로 통합하여 13도의군을 창실하였다. 그리고 우수리 지역에서 무력투쟁을 강화하기 위해 이 지역 고려인들은 권업회(勸業會)를 발족했다. 권업회는 고려인에게 '실업을 장려한다'는 뜻이다. 하지만 사실은 독립운동을 지원하고 독립운동자금을 모집하기 위해 결성된 단체였다. 이 단체에는 최재형, 홍범도, 이동휘, 이상설, 이종호, 이범윤, 정재관, 유인석, 신채호 등 우국지사들이 참여하였고, 초대회장은 최재형, 부회장은 홍범도가 맡았다.

그 후 봉오동전투와 청산리전투에서 대승을 거두었으나 참패한 일본이 보복으로 민간인을 무차별 학살하는 경신참변(庚申慘變 또는 間島慘變)을 일으켜 수만 명의 고려인이 학살되는 등 어지러운 정세 속에서 1937년 연해주에서 카자흐스탄 크질오르다로 강제이주되었다. 그는 크질오르다 고려극장에서 야간 수위와 정미소 노동자로 일하다가 1943년 76세로 세상을 떠났다.

우리 정부는 1963년 그에게 건국훈장 대통령장을 수여하였고, 해군에서는 독립투사 홍범도 장군을 기려 2016년 손원일급 잠수함에 '홍범도'라는 이름을 명명하여 전수시켰다.

묘지에서 멀지 않은 곳에 두 독립운동가의 이름을 붙인 '계봉우 거리'와 '홍범도 거리'가 있다. 시내 번화가처럼 번듯하지는 않지만 자기 조국의 독립을 위해 애쓴 이들을 기억하게 해 준 카자흐스탄의 배려에 고마운 마음이 들었다.

크질오르다 고려인의 아리랑

  우리는 고려인협회 김율리 씨에게 고려인들이 갈대밭을 일구어 농사짓던 농장을 보고 싶다고 했다. 그러자 지금은 현지인들이 농장을 경영하고 있다고 한다. 차를 몰아 외곽으로 나갔다. 시르다리야 강 다리를 건너 갈대밭을 지나 논 있는 곳으로 갔다. 갈대밭 한가운데 있는 논은 텅 비어 있었다.

  고려인 2세인 김율리 씨가 벼를 다 베어 낸 황량한 들판을 바라보았다. 그의 아버지 세대가 이런 곳에서 피땀 흘려 농사를 지었으리라. 이곳에 오기 전, 그에게 점심을 같이 하자고 했더니 사양했었다. 집에 계신 노모의 점심을 차려드려야 한다는 것이었다. 그의 나이도 70대 중반이었는데 효성이 지극했다.

  갈대밭 둑에 서서 그에게 다시 청했다. 지금 추수 중인 농장은 없느냐고. 그가 어디로 전화를 했다. 한참을 기다리니 풍채 좋은 현지인이 차를 몰고 나타났다. 그가 안내하는 농장으로 갔으나 문이 잠겨 있었다. 그가 또 전화를 하자 농장 주인이 와서 자물쇠를 열고 앞장섰다. 다시 차에 올라 한참을 들어가니 넓은 갈대밭을 개간한 논에서 트랙터로 벼를 베고 있었다. 그 지역의 유지인 현지인이 전화 한 통으로 시내에서 차를 몰고 오는 것을 보면 김율리 씨 같은 고려인이 그 사회에서 미치는 영향이 적지 않음을 알 수 있었다.

  현지인 두 사람은 우리가 한국에서 왔다는 말을 듣고 "Korea Friend!" 하며 무척 반가워했다. 우리는 함께 기념촬영을 했다. 그리고 베어 놓은 벼를 이 박사님에게 안겨 주며 "아리랑 박사, 크질오르다 농장 체험하다!" 하고 카메라를 들이댔더니 모두 껄껄껄 웃었다.

91

고려인협회 사무실로 자리를 옮겼다. 우리가 온다는 소식을 듣고 십여 명이 모여 있었다. 반갑게 악수를 나누고 나서 류승호 부대장이 우리의 답사 목적과 이곳을 찾아온 이유를 설명했다. 크질오르다 한인지부 김엘레나 회장은 현지 한인들의 활동을 소개하고 강제이주 당시의 상황을 들려주었다.

이야기 중에 아리랑 얘기가 나오자, 고려인은 누구나 아리랑과 도라지 노래 는 기본으로 잘 알고 있단다. 계학림 씨가 자리에서 일어나 '성주풀이'를 불렀 다. 그러자 김윤뽈리나 할머니가 벌떡 일어나 아리랑을 불렀다. 그러자 모두 일 어나 춤을 추며 노래를 불렀다.

함께 점심을 먹으면서 "오늘 가야 한다"고 하니 김 할머니는 "이렇게 멀리 와서 하룻밤만 자고 가면 어떡하느냐"면서 "꼭 다시 오라"고 거듭당부하였다. 우리네 고향 옛정은 여기서도 그대로 묻어났다.
모두모두 건강하시기를!

내일 우슈토베를 가야 하는 일정 때문에 다시 알마티로 돌아가야 했다. 4시 50분 크질오르다 공항을 출발하는 Air Astana KC986편을 타기 위해 티켓을 보이고 짐을 부친 다음 검색대를 지나 통로를 따라 나가니 버스가 대기하고 있었다. 버스를 타고 가서 비행기에 올라 37H 좌석을 찾아갔다. 하지만 그 자리에 이미 다른 사람이 앉아 있었다. 티켓을 보여 주자 앉아 있던 사람도 자기 티켓을 내밀었다. 좌석번호가 같았다. 어떻게 된 거지? 비행기도 입석표를 파나?

우리 일행은 모두 좌석이 이중으로 발매되어 있었다. 스튜어디스를 부르니 "뒤쪽에 가서 서 있어라" 했다. 비행기는 만석인데 우리만 뒤에 서 있었다. 잠시 후 스튜어디스가 오더니 우리 티켓을 모두 거둬 갔다. 뭔가 잘못되었음이 분명했다.

잠시 후 스튜어디스가 황급히 달려오더니 표를 돌려주며 "This is to Astana!" 하면서 우리를 빨리 내리란다. 다시 트랩을 내려가 버스를 타고 공항 건물로 들어왔다. 우리가 탔던 비행기는 알마티행이 아니라 아스타나행 비행기였다. 오 마이 갓!

어디서 잘못된 걸까? 되짚어 보니 우리가 버스를 타려고 공항 건물을 나올 때 체크하는 사람이 자리를 비우고 없었다. 지금은 최종 출구에서 일일이 표를 확인하고 탑승객을 내보내고 있었다. 우리는 표 체크 없이 그냥 비행기로 가는 버스를 탄 것이다. 예정에 없던 아스타나를 구경할 뻔했다!

강제이주 첫 도착지 우슈토베

우슈토베는 강제이주된 고려인들이 시베리아 열차에서 처음 내린 곳이다. 1937년 10월 초, 척박한 사막지대에 떠밀려 내린 고려인들은 맨손으로 토굴을 파고 겨울을 나면서 수많은 사람이 다시는 봄을 맞지 못했다. 우슈토베는 이런 처참한 역사로 얼룩진 강제이주의 상징적인 지역이다.

알마티에서 이곳까지는 항공편도 없고 도로사정도 열악하기 짝이 없다. 알마티에서 330km, 자동차로 대략 다섯 시간을 달려야 한다. 더구나 이곳에는 호텔이 없어 탈디쿠르간('나무언덕'이라는 뜻)이라는 곳에 숙소를 정해 놓고 다시 한 시간을 더 가야 한다. 스탈린은 강제이주시킨 고려인들이 탈출을 꿈꾸지 못하도록 알마티에서 뚝 떨어진 내륙 오지에 가두어 놓은 것이다.

우리는 아침 7시 30분 알마티를 출발했다. 멀리 톈산산맥 봉우리는 어젯밤에 내린 눈을 하얗게 뒤집어쓰고 있었다. 한 시간여를 달리자 아스팔트가 끝나고 공사구간과 비포장길이 시작되었다. 비가 내리고 안개가 끼어 시야도 좋지 않았다.

점심 무렵 탈디쿠르간에 도착하여 숙소에 짐을 놓고 다시 비포장길에 들어섰다. 더구나 공사중이어서 어찌나 차가 춤을 추는지 천장에 머리가 부딪칠 정도였다. 한 시간을 달리니 밀이삭 같은 모양의 안내판이 우슈토베 마을임을 알려 주었다.

고려인협회 이블라지미르 회장이 마중을 나왔다. 우리는 바로 토굴이 있는 고려인 공동묘지로 향했다. 마을에서 갈대 들판을 한참 지나자 야트막한 언덕 아래 길게 묘지가 형성되어 있었다.

이 회장은 "이곳은 원동에서 강제이주된 고려인들이 1937년 10월 9일부터 1938년 4월 10일까지 토굴을 짓고 살았던 초기 정착지다"라는 안내 비명 뒤에 움푹 들어간 자리를 가리키며 이곳이 토굴 자리라고 설명해 주었다.

주변을 둘러보니 안장한 지 얼마 안 된 묘지도 있었다. 오래된 묘비들은 빨갛게 녹이 슬고 글자도 한글과 러시아어가 섞여 있었다. 한글로 된 비명의 주인은 이곳에서 한글교육 금지 이전의 고려인 1세들이고, 그 후에는 러시아어와 함께 쓰다가 나중은 러시아어로만 비명을 쓰게 되었다고 한다.

하늘이 낮아지고 바람이 불다가 빗방울이 날리더니 갈가마귀 떼가 날아와 우리 머리 위를 빙빙 돌았다. 한 많은 삶을 살다간 그들의 고혼이 허공을 맴도는 것 같은 착각이 들었다. 우리는 두 손을 모아 영원한 안식을 기원하며 무거운 걸음을 옮겼다.

고려인협회 이블라지미르 회장과 얘기를 나누던 류승호 부대장이 "이 회장에게 한글 이름이 뭐냐고 물으니 없다고 하는데 우리가 하나 지어 주면 어떨까요?" 했다. 모두 찬성했다. 작명은 이 박사님 몫이었다.

"대성(大成)으로 합시다. 대한민국의 대(大), 고려인으로서 성공하라는 성(成). 크게 성공하라는 뜻도 되고."

무척 기뻐하는 이블라지미르 회장에게 이 박사님은 "Arirang of Korea" 책에 한글 이름을 써서 선물했다.

우슈토베는 아주 조용한 시골 마을이다. 비포장길은 엊저녁에 내린 비로 여기저기 빗물이 고여 있었다. 이대성 회장의 안내로 고려인 1세 노인이 살고 있는 집을 찾아갔다. 천미하일(1925년생). 한국 이름은 천억실. 91세 노인이 한국말을 잊지 않고 잘 했다.

"열두 살 때 부모를 따라 기차를 타고 여기에 왔소. 강제이주 기차 타기 전에는 어딜 가는지 몰랐는데, 기차가 여러 정거장에서 여러 번 실어 날랐다우. 기차간에 물이 없어 기차가 정차할 때 물을 받고, 한 칸에 30~35명씩 타고 왔소. 도중에 앓던 노인이 죽으면 경찰들이 들고 나가 자식들은 죽은 사람이 어떻게 되었는지도 몰랐소. 여기 오니 날씨도 춥고 물이 짜서 나이 많은 노인들과 아이들이 많이 죽었지. 이곳에 도착하여 현지인 집에 거처를 얻지 못한 사람은 언덕 밑에 땅을 파고 살았고. 스탈린 강제이주에 대해 비판적인 말을 하는 사람은 당장 잡아가 죽였으니 부모님들은 스탈린 강제이주에 대한 반대의 말을 하지 못했소."

오형제 중 장남인 그는 그때 이야기를 생생하게 기억하고 있었다. 아무것도 모른 채 당한 처참한 기억들이 평생 그를 괴롭혔을 것을 생각하니, 스탈린이 고려인들에게 저지른 만행이 얼마나 잔인했는지 상상이 잘 안 되었다.

우슈토베 역은 크질오르다 역과는 너무 달랐다. 오래된 콘크리트 건물 역사 앞 마당에는 어젯밤 내린 비로 여기저기 물이 고여 있었다. 역사 우측을 통해 선로 쪽으로 들어가 사진을 찍고 있는데 어떻게 알았는지 역무원이 나와서 제지를 하더니 따라오라고 한다. 함께 있던 이대성 회장이 한참 설명을 하고 나서 겨우 무마되었다.

중앙아시아 곳곳은 아직도 사진을 찍지 못하게 하는 곳이 많다. 기차역은 기간시설이니 그럴 수도 있겠다 싶지만, 우리 고려인의 역사에서 빼놓을 수 없는 곳들이기에 무척 아쉬웠다.

중앙아시아의 스위스, 키르기스스탄으로

우리는 다시 알마티로 돌아와 키르기스스탄 비슈케크행 비행기를 타고 마나스 공항에 내렸다. 마중 나온 가자게스트하우스 한남식 사장이 우리를 만나자마자 "공항 대합실에서 한국 여학생을 만났는데 게스트하우스까지 함께 동승해도 괜찮겠습니까?" 하고 양해를 구했다.

배낭여행 중인 이 여학생은 인도에서 터키 이스탄불로 가기 위해 마나스 공항에서 내려 내일 새벽 터키행 비행기를 타야 하는데, 공항 대합실에서는 잠을 잘 수 없다고 하여 난감해하던 차 한 사장에게 말을 걸었던 모양이다.

한 사장이 저녁을 샀다. 여학생은 간호학과 2학년인데 해외여행을 하려고 1년간 휴학하고 아르바이트로 돈을 모았다고 한다. 인도에 있는 테레사 수녀의 마더하우스에서 2주간 봉사활동을 한 후 터키로 가려고 이곳 키르기스스탄에 왔다는 것이다.

요즘 학생들은 대부분 부모가 주는 돈으로 여행을 하는데 이 여학생은 신통했다. 부모님이 뭘 하시는 분이고 여행비는 얼마나 보태 주시더냐는 물음에 의외의 답이 돌아왔다.

"엄마 아빠 모두 치과의사세요. 아빠에게 말씀드리니 공항 가는 차비 2만 원을 주시면서 잘 다녀오래요."

이 여학생의 이름은 서가영이다.

한 사장은 여학생을 게스트하우스에 재워 주고 새벽 비행기를 탈 수 있도록 공항까지 데려다 주었다.

도르도이 바자르는 비슈케크 남동부에 있는 중앙아시아 최대의 도소매 국제시장이다. 중국 우루무치에서 생산된 상품들을 컨테이너에 싣고 이곳으로 와 중앙아시아 전역과 몽골 등지로 퍼져 나간다.

상인들은 중국인이 반 가까이 되고 고려인도 간혹 있다. 우루무치 등에서 들어온 상품을 담은 컨테이너를 층층이 쌓아놓고 이를 점포와 창고로 사용하고 있는데, 컨테이너가 3천 개인지 5천 개인지 알 수 없다고 한다.

그런데 바자르에 발을 들여놓았을 때 전혀 낯설지 않았다. 분위기도 파는 물건들도 우리 재래시장과 비슷한 평범한 시장이었다.

오쉬 바자르는 입구부터 복잡했다. 시장 입구 광장에서는 휴대전화를 팔거나 즉석 물물교환이 이루어지고 한쪽은 도박하는 곳이라 젊은이들이 많이 모인다고 한다. 소매치기가 많으니 소지품을 각별히 주의하라고 가이드가 몇 번을 당부했다. 시장 안쪽에서 반찬가게를 하고 있는 고려인 아주머니들은 대부분 3세들이었으나 한국말을 거의 하지 못해 그냥 발길을 돌릴 수밖에 없었다.

비슈케크에서 이식쿨 호수가 있는 촐폰 아타까지는 자동차로 네 시간이 걸린다. 시가지를 벗어나도 길을 새로 닦아 놓아 편했다. 특히 도로 양쪽에 병풍처럼 곧게 서 있는 '토팔'이라는 미루나무는 장관이었다. 10월 초쯤이면 미루나무 잎이 절반쯤 떨어져 멋진 그림이 될 것이다.

이식쿨은 '따뜻한 호수'라는 뜻인데 톈산산맥의 눈이 녹아 흘러든 호수 넓이가 여의도 면적의 4배, 그리고 이 호수로 흘러 들어오는 강은 118개인데 나가는 강은 없다고 한다. 성수기에는 유럽과 중앙아시아, 러시아 등에서 관광객이 몰려들지만 우리가 찾아간 9월 말에는 매우 한산했다.

우리가 머문 '라두가 리조트'는 호수 백사장 바로 옆에 있었다. 장미꽃과 자작나무와 호수가 얼마나 멋지게 어우러지는지 천상의 낙원 같았다. 일몰은 더 아름다웠다. 여행객의 노스탤지어를 자극하는 이곳에 꼭 다시 한 번 오리라는 다짐을 하지 않을 수 없었다.

촐폰 아타는 촐폰(Cholpon, 금성), 아타(Ata, 아버지)라는 뜻으로 '금성의 아버지'라는 의미다. 호수 옆 촐폰 아타 마을 뒤에 암각화 공원 또는 돌정원이라 불리는 야외 박물관이 있다. 산 아래 호수를 향해 펼쳐진 거대한 지역에 마치 산에서 흘러내린 듯 크고 작은 바위에 동물 그림, 사냥하는 그림들이 새겨져 있다. 이 그림들은 BC 2,000년부터 AD 700년 사이의 기록이라 한다.

알라 아르차 국립공원은 비슈케크 시내에서 30~40분이면 닿을 수 있다. 우리가 이곳을 찾은 건 9월 25일인데 자작나무 단풍이 아주 고왔다. 주차장에서 내려다보니 단풍 사이로 맑은 계곡물이 흘러내렸다. 이식쿨 호수와 이 공원은 빡빡한 아리랑 로드 대장정길에서 중앙아시아의 아름다운 자연을 느낄 수 있는 절호의 기회였다.

이렇게 해서 우리는 15박16일 중앙아시아 3국 아리랑 로드 대장정을 무사히 마쳤다. 이제 비슈케크 마나스 공항에서 비행기를 타고 알마티를 거쳐 인천으로 향한다. 수속을 마치고 마나스 공항 출국장 대합실로 들어왔다. 그때 대합실에 붙어 있는 Demir Bank 광고 보드가 눈에 들어왔다.

Good partner is always around.
Do not postpone your dream to tomorrow.
Together in a boundless horizons.

좋은 파트너는 언제나 주위에 있습니다.
당신의 꿈을 내일로 미루지 마십시오.
끝없는 지평선까지 함께 갑시다.

우리는 고개를 끄덕이며 뜨겁게 손을 맞잡았다.
우리는 서로 좋은 파트너십으로 이 일을 해냈고 앞으로도 이 길을 함께 달릴 것이다.

우리의 다음 목표는 블라디보스토크에서 우수리스크, 하바롭스크를 거쳐 이르쿠츠크와 바이칼까지 연해주 아리랑 로드 대장정이다. 시베리아 횡단열차를 타고 끝없는 길은 달리다 보면 시야도 넓어지고 생각도 깊어지며 또 다른 한 민족인 고려인과 아리랑을 향한 사랑이 더 여물어 갈 거라는 확신이 들었다.

다시 대장정을 준비하며

문경에서 출발한 우리 답사대는 2015년 9월 11일부터 26일까지 15박16일 중앙아시아 3개국(우즈베키스탄, 카자흐스탄, 키르기스스탄) 아리랑 로드 대장정을 무사히 마치고 돌아왔다. 이 이야기를 주선조선 황은순 차장이 〈카레이스키들의 아리랑은 지금도 계속되고 있다〉(2393호, 2016년 2월 1일)는 제목으로 기사를 썼다. 그것을 읽은 주변의 호응은 매우 고무적이었다. 우리는 더욱 책임감을 느끼게 되었고, 다시 2016년 6월에 떠날 2차 대장정을 준비하기 시작했다.

김철웅 교수와 이미시문화서원의 한명희 선생

5월 16일 남양주에 있는 이미시문화서원을 찾았다. 1969년에 발표된 가곡 '비목'의 가사를 쓴 한명희 선생이 좌장으로 계신 곳이다. 이날 우리 네 사람과 함께 특별한 분이 동행했다. 탈북 피아니스트 김철웅 교수다. 김 교수와의 인연도 이미 예정되어 있었던 것이 아닌가 싶다.

2007년 이정면 박사님이 《한 지리학자의 아리랑 기행》이라는 책을 내면서 아사히신문 이치카와 하야미 서울특파원이 쓴 아리랑 관련 기사(2006년 4월 4일)를 실은 적이 있다. 거기에 김 교수가 평양을 떠나 대한민국에 와서 아리랑을 편곡 연주했다는 것과 그가 탈북을 하게 된 이야기가 소개되어 있었다. 그 후 이 박사님은 김 교수를 만나보려고 애를 쓰셨지만 연락할 방법을 찾지 못하고 있었다.

그런데 8여 년이 지난 어느 날, 고윤환 문경시장이 '아리랑 가사 1만수 이운식'을 앞두고 국악방송에 출연하게 되었다. 그날 저녁 만찬에 우리 팀이 초대되었다. 그때 아리랑 얘기가 한창 무르익어 가던 중 김철웅 교수 이야기가 나왔다. 이 박사님이 그분과 만나고 싶다고 하자 그 자리에서 국악방송 채치성 사장이 전화를 연결해 주었고, 며칠 후 인사동에서 네 사람(이정면 박사, 김철웅 교수, 서용순 이지출판 대표, 김산효 국방방송 작가)이 점심을 함께 했다.

지성이면 하늘이 감복한다더니, 탈북 피아니스트의 첫 연주 기사를 미국 유타에서 읽고 감동한 이 박사님이 10년 전 출간한 책에 싣고, 아리랑 로드를 준비하면서 찾아간 문경시와 국악방송이 연결되어 두 분이 만나게 되었다.

그날 우리 팀이 고려인 강제이주 경로를 따라 아리랑 길을 답사한다는 얘기를 듣고 김 교수는 우리가 꼭 만나볼 분이 있다면서, 일찍이 중앙아시아와 문화예술 교류에 힘써 온 한명희 선생을 소개했다. 그리고 그분과 매우 가깝게 지내고 있다면서 기꺼이 동행하겠다는 것이었다.

우리가 방문한 날 이미시문화서원엔 봄볕이 무르익고 있었다. 온갖 꽃과 나무들 사이사이에 조각상이 놓여 있는 뜰을 지나 책향기 가득한 서재에서 한명희 선생을 만났다. 첫인상은 단아한 모습이었지만 단호해 보였다. 그리고 국악원장을 지낼 때 중앙아시아 동포들을 위해 국악 순회공연을 해 온 이야기를 들려줄 때는 상기된 얼굴로 목소리가 높아지기도 했다. 뿐만 아니라 1991년부터 10년간 공산권 동포들에게 우리말과 음악을 가르치는 한국전통음악 강습을 해왔다면서 우리 가락, 특히 아리랑의 생명력이 우리를 한 민족으로 이어주고 있다고 강조했다. 그러면서 참고자료를 듬뿍 안겨 주었다.

진천 조명희문학관

6월 2일에는 진천 포석(抱石) 조명희문학관을 찾아갔다. 중앙아시아 3개국 답사 때 타슈켄트 나보이 박물관 4층에 있는 조명희 기념실을 갔었으나 일요일이어서 문이 닫혀 무척 아쉬웠다. 그런데 2차 대장정 하바롭스크 일정에 조명희 선생이 살던 집을 방문하기로 해 미리 공부를 하러 갔다.

포석 조명희 선생은 한국 근대문학의 선구자이기도 하지만 고려인 문학에서 그를 빼놓고는 이야기가 안 된다. 1894년 진천에서 태어난 그는 시, 소설, 희곡, 평론, 아동문학 등 왕성하게 창작활동을 하면서 김우진과 함께 극예술협회를 조직하고, 도쿄 유학생들과 노동자들의 회관 건립 기금 마련 공연을 목적으로 희곡을 쓰기도 했다.

그때까지 그의 작품은 종교적 신비주의와 낭만주의의 색채가 짙었다. 그런데 카프(KAPF) 창립위원으로 참가하면서 계급의식과 계급투쟁을 고취하는 민중문학작가가 되었다. 그것이 소련으로의 망명으로 이어졌고 소련작가동맹 요직을 맡기까지 한 것으로 보인다.

1928년 연해주로 건너간 선생은 추풍(秋風)의 육성촌에 잠시 머물다가 하바롭스크로 옮겨 중학교 교사를 했다. 그리고 동포신문인 〈선봉〉과 잡지 〈노력자의 조국〉 편집을 담당하기도 했다. 대표작은 일제의 농민 수탈과 이에 저항하는 지식인 운동가의 삶을 그린 단편 〈낙동강〉, 장편 〈붉은 깃발 아래에서〉, 산문시 〈짓밟힌 고려인〉 등이 있다.

그런데 1937년 가을 어느 날 스탈린 정부에 체포되어 1938년 4월 15일 사형 언도를 받고 5월 11일 총살당했다. 조명희 선생의 강렬한 민족주의 의식이 당시

스탈린의 외교정책노선과 배치된 데서 빚어진 일이 아니었을까. 스탈린 사후,
흐루시초프의 스탈린 격하운동과 해빙정책에 따라 간첩혐의를 벗은 것은 그
후 18년이 지나서였다.

그의 죽음이 애석한 것은 투철한 사상과 세계관 그리고 문학적 성숙이 최고
에 이르렀을 때였기 때문이다. 고려인 문단의 부흥은 물론 천재적 감수성과 깊
은 통찰력으로 응집된 그의 문학적 유산이 아쉽기만 하다. 야트막한 언덕을 마
주보고 있는 아름다운 문학관 뜰에 조명희 선생의 동상이 먼 하늘을 바라보고
있었다. 하바롭스크에서 다시 만날 날을 기대하며 포석의 길을 걸어 나왔다.

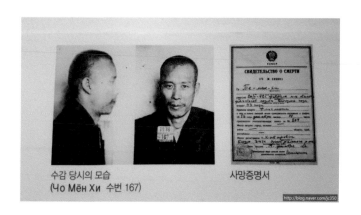

수감 당시의 모습   사망증명서
(Чо Мён Хи 수번 167)

블라디보스토크 그리고 우수리스크

2016년 6월 14일부터 21일까지 2차 아리랑 로드 대장정이 시작되었다. 이번에는 하모니카 연주팀(김규원, 권기홍, 장정인, 신포월)도 함께 출발했다. 현지에서 아리랑을 부를 때도 좋고 다른 민요를 들려주면 더 좋고, 무엇보다 그분들이 아리랑 대장정에 동행하고 싶어했다.

하모니카 연주팀 리더인 김규원 선생은 대기업 사장 출신이다. 그런데 은퇴후에 하모니카, 아코디언 등 악기를 배워 허리우드 극장 홍보대사로 있으면서 종로3가와 낙원동 주변의 노인들을 위해 열심히 봉사하고 있다. 과거 자신의 위치를 내려놓고 이웃들과 어울려 즐겁고 보람있게 인생 후반기를 보내고 있는 그는 일본 NHK 뉴스 시간에 '대한민국에서 가장 행복한 노인'으로 소개되기도 했다.

권기홍 선생도 공무원으로 정년 퇴직한 후 하모니카를 배워 청춘극장, 낭만극장에서 무료 공연을 하며 자원봉사를 하고 있다. 6 · 25 참전용사 국가유공자인 장정인 선생과 늦깎이 음악도가 된 신포월 선생도 하모니카를 통해 열심히 자원봉사를 하고 있다. 하모니카 연주팀의 동행으로 더욱 전열을 다진 우리는 오전 10시 10분 블라디보스토크행 비행기에 올랐다.

2시간 40분이면 닿을 수 있는 블라디보스토크. 사실 우리 대장정은 이곳에서 시작되었어야 했다. 고려인을 강제이주시킨 시베리아 수송열차의 출발지이자 우수리스크와 함께 일제강점기 우국지사들의 주요 활동지였기 때문이다.

하지만 어쩌랴. 중앙아시아에서 보고 듣고 기록한 것들이 이번 여정을 더 단단히 받쳐 줄 것이다.

블라디보스토크 공항은 한산하고 깨끗했다. 러시아에서 모스크바 공항 다음으로 편리하고 현대적이라더니 맞는 말이었다. 그런데 공항 밖으로 나오니 6월 중순인데도 바람이 차가웠다. 하지만 휘날리는 플래카드를 붙잡고 멋진 공항 청사 앞에서 한 컷 남기는 것은 기본!

수이푼 강가 이상설 유허비

　　우리는 바로 우수리스크로 향했다. 연해주를 중심으로 펼쳤던 독립운동의
중심지에 남아 있는 이상설 선생 유허비와 발해 성터를 돌아보기 위해서였다.
4차선 도로를 지나 버스가 비포장 진창길로 들어섰다. 초여름 풀이 무성한 들
판에 흐릿한 강물이 낮게 흘렀다. 우수리스크를 휘감고 지나가는 수이푼 강이
다. 그 강 언덕에 아담한 비가 서 있었다. 이상설 선생 유허비다.

1905년 일본은 강제로 을사보호조약을 체결하여 대한제국의 외교권을 박탈하였다. 고종황제는 미국 등에 조약의 부당성을 호소했으나 성과가 없었다. 그러자 1907년 고종은 네덜란드 헤이그에서 열린 제2차 만국평화회의에 일본 몰래 이준, 이상설 그리고 이위종을 특사로 파견하였으나 뜻을 이루지 못했다. 이 일은 일본에게 조선을 압박하는 좋은 빌미가 되었다.

이 사실을 안 이토 히로부미와 이완용 내각은 강제로 고종황제를 퇴위시켰다. 이어 한일합병 조약을 통과시키고 1910년 8월 29일 대한제국은 일본의 식민지가 되었다. 국내 지식인과 관료층은 이에 극렬히 반대하여 황현, 민영환은 자결하였고, 연해주의 고려인들도 큰 충격과 분노에 휩싸였다. 이상설은 반일 정치단체인 '성명회(聲鳴會)'를 결성하여 독립운동을 하다가 1917년 망명지인 연해주 니콜리스크에서 이런 유언을 남기고 세상을 떠났다.

동지들은 합세하여 조국광복을 기필코 이룩하라.
나는 조국광복을 이루지 못하고 이 세상을 떠나니
어찌 고혼인들 조국에 돌아갈 수 있으랴.
내 몸과 유품은 모두 불태우고
그 재도 바다에 날린 후 제사도 지내지 말라.

망국의 한을 품은 채 세상을 떠난 이상설 선생
이 남긴 서릿발 같은 유언이다. 이역만리에서 조
국의 독립을 보지 못하고 떠나는 비통한 심정이
고스란히 드러나 있다. 그의 유언대로 시신은 화
장됐고 유해는 수이푼 강에 뿌려졌다. 그가 쓴 글
들과 유품도 함께 거두어 불살라졌다.

이국 땅에서 조국의 해방만을 염원하며 고단
한 삶을 살았던 독립운동가. 죽어서 유해조차도
고향으로 돌아가지 못한 채 낯선 땅을 떠돌았다.
수이푼 강물은 블라디보스토크의 아무르만을 지
나 동해로 흐른다. 그의 유해도 흘러흘러 그리운
조국의 바다에 다다랐기를 기원해 본다.

그곳에서 조금 떨어진 곳에 발해 성터가 있다. 그런데 이곳이 발해의 땅이
었음을 알 수 있는 유적은 거의 눈에 띄지 않았다. 그저 드넓은 초원이 펼쳐져
있을 뿐. 이 허허벌판이 천 년 전 발해의 옛 성터라니. 이 광활한 땅이 지금도
우리 것이라면 얼마나 좋을까.

4월참변 희생자 추모비와 신한촌 기념탑

6월 14일 아침, 비가 주룩주룩 내렸지만 신한촌 기념비를 보러 갔다.

원래 우수리스크 신한촌은 고려인들이 모여 살던 개척리에서 북쪽으로 3~4km 떨어진 곳에 있었다. 1911년 러시아 당국은 고려인들이 모여 살던 이곳을 페스트 방지 등 위생상의 이유로 폐쇄하고 새로 고려인 마을을 만들었다.

외지에 살던 이들도 이곳에 와야 조국의 소식을 들을 수 있었고, 연해주와 만주를 무대로 활동하는 무장유격대들도 이곳에 와야 소총, 기관총 등의 무기와 탄약을 구할 수 있었다. 그리고 독립운동을 대표하는 권업회, 권업신문, 대한광복군정부, 대한국민회의, 노인동맹단, 한인신보 등의 거점도 이곳이었으며, 수많은 애국지사들이 거주하며 치열하게 전개한 독립운동의 현장이기도 했다.

신한촌은 러시아 당국의 허가를 받은 조선인 자치구역으로 사실상 러시아의 직접적인 통제 밖의 영역이 되어 조선인들은 일본인과 중국인의 상점 개설을 금지하였다. 1911년에는 신한촌에서 처음으로 한일합병 반대운동이 일어났다. 이 지역 독립지사들이 강우규 의사의 서울역 폭탄투척거사를 지원하였고, 1920년에는 3·1운동 1주년을 기념하여 신한촌 입구에 독립문을 세우고 모든 집에 태극기를 게양하는 등 격렬하게 일본에 대한 저항운동이 일어났다.

그러자 일본은 "우수리스크 지역의 조선독립 열기가 심각한 수준에 달했다"고 판단하고 연해주 지역의 독립운동 기세를 꺾기 위해 4월 4일 밤부터 5일 새벽에 걸쳐 참혹한 공격을 가했다. 일본군은 신한촌을 포위하고 소총, 기관총, 대포를 사용하여 시가지를 초토화시키고 무차별 학살을 감행하여 소련군 병사 170명과 빨치산 70명을 학살하고, 고려인 학교와 신문사 건물을 불태웠다. 연해주 독립군 후원의 대부인 최재형과 독립운동가 세 분도 이때 일본군에 끌려가 총살당하고 말았다.

이렇게 조선 땅에서는 먹고 살 길이 없어 두만강을 넘어와 러시아 땅에 모여 살던 고려인의 마을은 일본 군대의 포화에 참혹한 폐허가 되고 말았다. 이것이 4월참변이다. 우수리스크에서 노보니콜스크로 향해 20여 분 달리다 보면 바로 그 전투 현장에 4월참변 희생자 추모비가 서 있다. 잊을 수 없는 일본의 잔혹한 만행과 무참히 희생된 이들의 억울함이 뒤엉켜 비에 젖은 까만 비석이 눈물을 흘리고 있는 것 같았다.

그런데 지금 우수리스크에는 신한촌이 없다. 1937년 고려인들이 강제이주되고 난 후 러시아인 마을로 변해 버렸기 때문이다. 대신 1999년 8월 15일 이곳에 신한촌 기념비가 세워졌다. 큰 비석 세 개와 작은 비석들이 있다. 가운데 가장 긴 비석은 대한민국의 남한, 왼쪽은 북한, 오른쪽은 고려인을 상징하며, 둘러싸고 있는 작은 비석들은 해외동포들을 상징한다고 한다. 우리 민족이 하나 되는 뜻을 담아 만든 비다.

우수리스크 추풍4사

남우수리 지역의 곡창지대인 수이푼 지구는 고려인들이 들어오기 전에는 원시림으로 가득한 황무지였다. 그러나 두만강을 넘어온 고려인들이 수이푼 강(라즈돌레예 강) 주변에서 농사를 지으면서부터 30여 년 만에 척박한 땅이 곡창지대로 변하자 더 많은 고려인들이 몰려들었다. 수이푼 강 주변에 고려인 마을 중 가장 부유한 코르사코프카, 푸칠로브카, 크로우노브카, 시넬리니코보 4개 마을을 추풍4사(秋風四社)로 불렀으며 행정의 중심지는 코르사코프카 마을이었다.

크로우노브카 마을로 가는 길은 시내에서 멀지 않다. 6월의 들판은 농작물들로 푸르렀다. 수이푼 강줄기인지, 짙푸른 숲 사이로 강이 흐르고 강을 가로질러 놓인 시멘트 다리는 중간이 부러져 강바닥을 향하고 있다. 차는 부러진 다리를 건너지 못하고 임시 가교를 조심스럽게 지났다. 강을 지나니 마을이 나타났다. 크로우노브카 마을이다. 다시 길 좌우로 숲이 우거지다가 농토가 나타나다가 코르사코프카 마을에 도착했다.

러시아 지역을 여행하다 보면 어느 도시나 마을에 광장이 있는 곳이면 대개 군인 동상이나 추모비, 전쟁기념관 등 전쟁 관련 기념물이 있다. 러시아는 역사적으로 전쟁을 많이 한 나라여서일 것이다. 인민, 국민, 백성, 시민이라는 이름으로 얼마나 많은 사람이 희생되었을까?

이곳 코르사코프카 마을도 그렇다. 조그만 시골 마을이지만 광장에는 공회당 같은 것이 있고 광장 한가운데 세운 높은 탑에는 "1941~1945, 여기 사람을 잊지 마세요"라고 쓰여 있다. 이 마을도 전쟁으로 얼마나 많은 사람들이 목숨을 잃었을까? 지도자의 탐욕이 명분으로 포장되고 공격성을 띨 때 희생은 인민들의 몫이 되고 만다.

광장 옆에 우체국이 있었다. 아침 8시 반인데 볼일 보러 온 사람 대여섯 명이 줄을 서 있고, 그 사이에 우리 눈에 띄는 한 아주머니가 어린 남자아이 손을 잡고 있었다. 고려인 박제나 할머니였다. 그의 부모도 우즈베키스탄으로 강제이주되었다가 20년 전 이곳 코르사코프카로 다시 돌아왔다고 한다.

이곳에는 다시 이주해 온 고려인이 20가구 정도 된다면서 자동차 정비회사를 운영하는 아들과 함께 살고 있단다. 굵은 목걸이를 하고 있는 그녀는 여러 러시아 여인들 사이에 섞여 있어도 전혀 뒤지지 않는 강렬한 인상이었다.

솔빈마을 고려노인정

고려노인정에 어르신 수십 명이 모여 있었다. 그들은 갑자기 찾아간 우리 일행을 환하게 웃으며 맞아 주었다. 고려인들과 함께 유랑의 길을 따라 널리 퍼져 나간 아리랑 이야기를 듣고 싶어 왔다고 하자 반가워하면서 아리랑을 불러 주었다. 우리 하모니카 팀도 아리랑, 고향의 봄, 도라지타령을 연주했다. 노인정은 순식간에 노래방이 되었다. 손에 손을 잡고 노래를 부르고 또 불렀다. 그러자 한 껏 멋을 낸 할머니들이 앞으로 나와 '세월아 네월아' 라는 노래를 합창했는데, 기가 막히게 잘했다.

그날 노인정에서는 특별한 교육이 있었다고 한다. 일명 '마음의 소풍' 이라는 마인드 교육이었는데, 뜻밖의 손님들이 찾아와서 교육 효과가 최고였다며 엄지손가락을 치켜세웠다. 우리도 정말 뿌듯했다.

노인정에서 만난 김니나 할머니는 한국의 한 단체 초청으로 한국을 다녀왔다면서 우리를 우정마을과 자신이 관리하는 솔빈문화마당으로 안내했다. 우정마을은 대한주택건설협회가 1998년부터 2004년까지 '러시아 연해주 한인동포 재활기금'을 설립하여 집을 지어 주고 한글학교를 개설하는 등 다양하게 지원해 주고 있는 고려인 집단 거주지다.

솔빈문화마당도 대한민국재외동포재단과 대한주택건설협회의 도움으로 2004년 설립되었는데, 우수리스크 지역 우정마을 농장지역의 서당으로 고려인 교육센터와 고려인들의 사랑방 역할을 하는 곳이다.

김니나 할머니는 솔빈문화마당 가까이 있는 집으로 우리를 데리고 가서 커피와 빵을 대접했다. 그리고 가족 앨범과 러시아 군인이었다는 남편의 흑백사진을 보여 주면서 마치 오랜만에 만난 가족을 대하듯 즐거워했다. 그런 할머니에게서 고려인 특유의 자존심과 따뜻한 동족애가 느껴졌다.

김 할머니는 꼬깃꼬깃해진 종이 한 장을 펼쳐 보였다. 러시아어로 쓴 글에 한글로 토를 단 것인데, 한국에 갔을 때 한국 사람들 앞에서 한 인사말이었다.

안녕하세요. 나는 러시아(우수리스크)에서 온 김니나입니다.

먼저 이렇게 여러분 앞에서 이야기를 하게 되어 영광입니다.

많은 사람들 앞이라 부끄럽고 쑥스럽지만

이 자리에서 도와주신 분들께 감사 인사를 드립니다.

현재 고려인으로 러시아에 살고 있고

항상 고국에 대한 그리움과 동경을 가지고 있지만

기회가 여의치 않아 한국에 대해 아는 바가 적습니다.

특히나 이렇게 나이가 많으면 더욱 힘들죠.

나는 그런 의미에서 운이 좋은 사람입니다.

이젠 늙어서 힘이 없지만… 여러분의 도움으로

지금 고국의 흙을 밟고 있으니 참으로 영광입니다.

그리고 눈부시게 발전한 한국을 보니 너무나 감격스럽고

고려인으로서 한국인으로서의 무한한 자긍심을 가지게 됩니다.

고려인으로 자란 우리 아이들도 한국에서 미래의 희망을 찾을 수 있길 바랍니다.

마지막으로 이런 기회를 준 관계자분들께 감사하다는 말씀을 드리며

인사말을 마치고자 합니다.

러시아로 돌아가서도 기억에 남은 좋은 시간 보내게 되어 영광입니다.

감사합니다.

유랑과 이주의 연속이었던 고려인의 삶

고려인문화센터는 우수리스크 지역 고려인들의 문화 중심지로 러시아 한인 이주 140주년을 기념하여 2009년에 개관했다. 연해주에서 시작했던 70년의 삶, 중앙아시아에서 다시 시작해야 했던 70년의 삶, 다시 연해주로 돌아와서 또다시 시작해야만 하는 삶. 누구도 원치 않고 누구도 선택하고 싶지 않았던 길고도 험난한 세월이었다.

고려인 역사관 입구 방명록에 사인을 하고 들어가니 역사관을 짓는 데 후원한 350여 개인과 단체 이름이 쓰인 보드가 눈에 들어왔다. 그리고 강제이주되기 전 독립운동의 근거지였던 연해주의 실상과 민족혼을 고취시킨 당시 애국 언론들의 활동상과 애국 영웅 59인의 얼굴이 전시되어 있었다. 또한 고려인이 재정착한 연해주를 평화와 공존의 땅으로, 동북아 발전에 비전을 갖는 희망의 땅으로 그려 놓았다.

연해주 지역 고려인의 이주는 한일합병이 되기 반세기 전부터 시작하여 일제강점 이후까지 계속되었다. 1937년 연해주 고려인 18만 명이 중앙아시아로 강제이주된 후 모진 고난을 겪어 오던 그들이 연해주로 되돌아오기 시작한 계기는 고르바초프 소련공산당 서기장 취임이었다.

고르바초프는 대내적으로 페레스트로이카(개혁), 대외적으로 글라스노스트(개방)라는 실용적인 정책을 폈다. 중앙아시아에 흩어져 있던 고려인들은 페레스트로이카 바람을 타고 그들의 역사적 조국인 한국 여행을 할 수 있게 되었다.

그리고 1930년대 스탈린 독제체제에서 죽어간 고려인들에 대한 억울함도 알게 되었다. 연해주 고려인 사회의 지도자 최재형의 차남 최성학의 유족들은 최성학이 처형된 후 54년이 지난 1992년 3월에야 비로소 그가 1938년 '일본 스파이 혐의'로 총살되었다는 통보를 받았다.

고려인의 아리랑 관련 역사를 들여다보면 처음에는 고려인이 겪은 피눈물 나는 고통에 대해 시대를 잘못 만난 한 민족들에게 연민과 동정심을 갖게 된다. 그러나 동시에 우리 내부 지도자들의 분열과 무능의 결과로 당한 일본에 의한

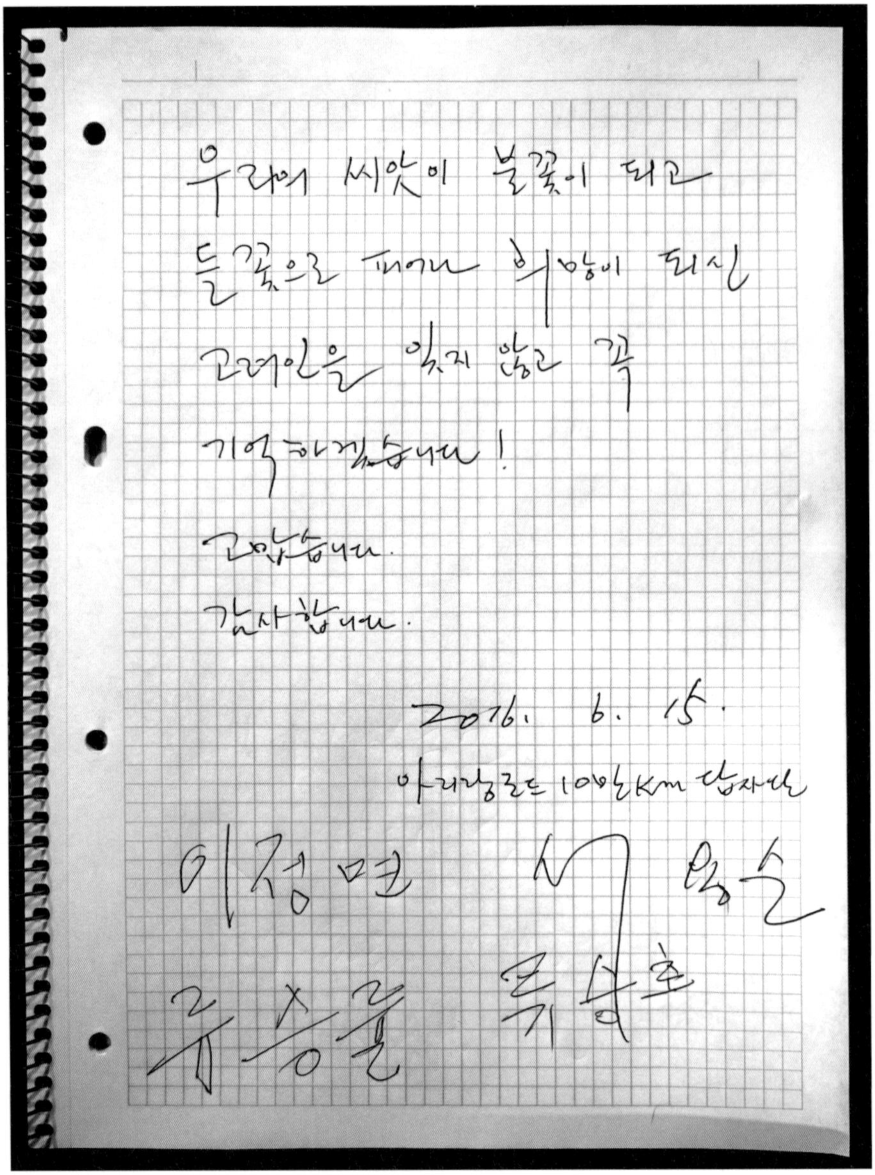

우리의 씨앗이 불꽃이 되고

들꽃으로 피어나 희망이 되신

고려인을 잊지 않고 꼭

기억하겠습니다 !

고맙습니다.

감사합니다.

2016. 6. 15.

아리랑로드 1046Km 답사단

이정면 서 명숙

류승렬 특승호

144

국권 침탈에 대한 분노를 느끼게 된다. 조국의 국권을 되찾기 위해 몸을 불살랐던 독립투사들이 어찌 최재형, 최성학 부자뿐이겠는가. 잔인한 일본과 러시아의 틈바구니에서 억울하게 희생된 민초들이 얼마나 많았던가.

지금 연해주 지역에 살고 있는 고려인들은 페레스트로이카 이후 중앙아시아에서 연해주로 재이주한 사람들이 대부분이다. 고려인의 삶은 유랑과 이주의 연속이었다. 역사적으로 그들은 모두 네 차례 대이주를 경험했다.

첫 번째는 한반도에서 두만강을 건너 연해주로의 이주다. 이주라기보다는 19세기 초 조선의 기근과 봉건적 학정에서 벗어나기 위한 탈주였다.

두 번째는 1937년 스탈린에 의한 중앙아시아로의 강제이주다. 고려인을 조국과 단절된 먼 지역으로 추방해 20세기의 디아스포라로 전락시킨 통한의 이주였다.

세 번째는 1953년 스탈린 사망 후 거주 지역에 갇혀 살던 중앙아시아 고려인들에게 자유여행이 허용되자 살던 지역에서 러시아 권역 내의 더 살기 좋은 지역으로 이동한 개별적인 분산 이주였다.

네 번째는 1993년 공표된 '러시아 고려인에 대한 명예회복법'에 따라 강제이주 이전의 원래 거주지인 연해주로 돌아온 이주다. 소련 붕괴 후 약 5만여 명이 다시 연해주로 돌아와 절반가량이 우수리스크에 살고 있다.

갑자기 마련된 공연 무대

우리는 고려인문화센터에 있는 고려신문사 김니콜라이 사장과 김발레리아 편집장을 만나 우리의 방문 이유를 설명하고 이 박사님의 책과 문경아리랑 CD를 선물했다. 김발레리아 편집장은 우수리스크 지역에 살고 있는 고려인들의 현황을 자세히 들려주며 이곳 문화센터 공연팀의 공연을 보여 주겠다고 했다. 뜻밖의 제안에 우리도 하모니카 연주를 하기로 해 신나는 무대가 마련되었다.

먼저 우리 팀의 하모니카 연주가 있었다. 고향의 봄, 아리랑, 홀로아리랑, 노들강변 등 우리 민요를 연주했다. 그에 맞춰 모두 한 목소리로 노래를 불렀다. 가슴이 뭉클했다. 우리 민요는 스스로 감동하게 하는 어떤 힘이 있는 것이 아닐까. 울컥 가슴이 소용돌이치고 나면 카타르시스를 느끼게 되니 말이다.

이어서 고려인 어린이들의 부채춤, 아주머니들의 고전무용, 남학생들의 난타 공연이 진행되었다. 그들의 공연에 나오는 음악과 춤은 100여 년 전, 살 곳을 찾아 조국을 떠나온 그들의 조부모들, 부모들이 이들에게 물려준 고국을 향한 향수였다. 아리랑 가락에 맞춰 어린 학생들의 손끝에서 흔들리는 부채는 그들의 역사적인 조국을 향한 아득한 손짓이었다.

공연이 끝난 뒤 우리는 함께 손을 잡고, 서로 어깨동무를 하고 또 아리랑을 합창했다. 아리랑은 언제 어디서나 우리를 하나 되게 하는 기적의 노래였다.

공연 도중에 흰옷을 입은 여자 한 분이 우리를 찾아왔다. 홍범도 장군의 외손녀 김알라 여사였다. 독립군 부대를 지휘하며 일본군과 수많은 전투를 했던 풍운아 홍범도 장군의 유일한 혈육으로 알려진 분이다.

우리는 중앙아시아 답사 중 홍범도 장군 묘소가 있는 카자흐스탄 크질오르다를 다녀왔다. 그래서 이번에 우수리스크 외곽에 살고 있는 홍 장군의 외손녀 김알라 여사를 만나보기로 했다. 마침 우리가 우수리스크에 간 날 그녀는 국내 한 단체가 주최한 고려인 초청 행사에 갔다가 한국에서 돌아오는 길이어서 고려인문화센터에서 만나게 된 것이다.

출처 네이버

김알라 여사는 홍범도 장군의 흑백사진을 한 장 가지고 왔다. 저녁식사를 함께하며 홍범도 장군에 관한 일화나 가족으로부터 내려오는 이야기를 듣고 싶었다. 그런데 우리말도 서툴고 또 말을 아끼는 듯해 무척 아쉬웠다.

홍범도 장군은 김좌진 장군과 함께 봉오동전투, 청산리전투에서 혁혁한 공을 세운 독립투사다. 그러나 김좌진 장군이나 안중근 의사처럼 독립투사로서 우리에게 그리 잘 알려지지 않았다. 최근에 와서야 조국의 독립을 위해 헌신했던 이런 분들이 알려지고 또 연구와 평가가 이루어지고 있지만 아직 멀었다는 생각이 든다. 그들의 활동무대가 공산권이었다는 지리적 · 이념적 한계를 넘어 가난하고 힘없는 조국을 위해 싸운 이들을 우리는 반드시 기억해야만 할 것이다.

김산의 아리랑

그런 의미에서 아리랑과 관련하여 빼놓을 수 없는 김산(金山)이라는 분이 있다. 열다섯 살 때 고학으로 일본에 유학한 김산(본명 장지락 또는 장지학)은 1919년 3·1운동이 몇 개월 만에 진압되는 것을 보고 울분을 참지 못해 중국으로 건너가 독립군 군관학교인 신흥학교(新興學校)에 들어갔다. 그곳 상하이 임시정부 주변에서 이광수와 안창호, 이동휘 등의 독립투사를 만난 그는 힘없는 조국이 일제로부터 벗어나려면 중국의 힘이 필요하다고 보고 중국과의 항일투쟁 공동전선이 조국의 해방을 열어 줄 것이라 생각했다. 그리고 중국 공산당혁명에 뛰어들었다가 서른셋 젊은 나이에 '일본 스파이, 트로츠키주의자'란 누명을 쓰고 중국 공산당 간부 강성의 명에 의해 처형되었다.

파란만장한 이 풍운아의 일대기가 세상에 알려지게 된 것은 미국의 기자이자 저술가인 님 웨일즈와의 운명적인 만남이 있었기 때문이다. 중국 내전중이던 1937년, 당시 김산보다 두 살 적은 서른 살의 님 웨일즈 기자는 중국 공산당혁명을 취재하기 위해 중국 옌안(延安)으로 갔다. 그녀는 자료를 수집하느라 루쉰(魯迅) 도서관을 자주 이용했는데, 책 대출자 명단에서 유독 영문으로 된 책자만 수십 권씩 빌려가는 사람을 발견하였다. 중국 땅에서 혁명의 와중에 이런 사람이 있다니 누구일까? 중국에서 영어로 대화할 수 있는 사람이 필요했던 그녀는 그 사람이 군정대학(軍政大學)에서 일본경제와 물리, 화학을 가르치고 있는 조선 사람이라는 걸 알고 그에게 두 번 편지를 보냈다. '그 사람은 당신을 만나려 하지 않을 것'이란 주변의 예상을 깨고 김산은 조용히 그녀를 찾아왔다.

　김산은 병마와 투옥, 고문 등으로 나이보다 많이 늙어 보였다. 그러나 그녀는 조국을 점령한 일본에 대항하여 싸우는 이 청년의 강인한 조국애와 패기에 매력을 느꼈다. 그리고 지금 이 만남이 금세기의 특종이 되리라는 것을 직감했다. 그녀는 신분 노출을 꺼리는 이 조선혁명가에게 인터뷰를 요청하고 자서전을 낼 것을 제안했다. 두 번째 만남에서 김산은 님 웨일즈를 신뢰하고 인터뷰를 허락하며 안전을 위하여 2년 동안 출판을 미뤄 줄 것을 요청했다.

　그로부터 두 달 동안 그들은 비밀리에 스물두 번을 만나, 어두운 골방에서 촛불을 켜놓고 인터뷰를 진행했다. 김산은 격변하는 상황 속에서도 암호로 일기를 써 왔고, 주기적으로 그것을 태워 버리기는 했지만 일기 덕분에 중국 내전에 관한 사건들이 그의 머릿속에 생생하게 박혀 있었다. 혁명세력의 내부 이야기,

만주 조선인 유격대 이야기, 조선인의 비합법적 활동과 투옥 기록, 중국과 조선에서의 공산주의자들의 지하활동, 그리고 그의 신상과 사상, 사랑 이야기들을 그녀는 일곱 권의 노트에 기록했다.

김산은 신분을 감추기 위해 중국에서 대여섯 개의 이름을 사용하고 있었다. 당시 예안에서는 장명(長明)이라는 가명을 썼다. 님 웨일즈는 그를 보호하기 위해 김산(金山)이라는 가명을 제안했고 그도 동의했다. 인터뷰를 하고 나서 님 웨일즈는 필리핀에 가서 초고를 정리하였고, 김산은 그녀와 헤어진 이듬해 중국 공산당에 붙잡혀 처형되었다. 미국으로 돌아간 님 웨일즈는 1941년 펄 벅 여사 남편이 운영하는 출판사에서 약속대로 김산의 일대기《아리랑의 노래 : 한 조선인 혁명가의 생애 이야기》(Song of Ariran : The Life Story of a Korean Rebel, New York : The John Day Company, 1941)를 김산과 공저로 출판하였다.

출처 위키피디아

님 웨일즈는 왜 책 제목을 '아리랑'이라고 했을까?

책 속에서 김산은 이렇게 말했다.

"중국에서 일본 경찰에 잡혀 형무소에 들어가니 먼저 감옥을 다녀간 조선 사람들이 감옥 벽에 손톱이나 수갑으로 긁어서 써놓은 글귀를 보았다.

'오늘 나는 사형선고를 받는다.'

'26년을 사나 100년을 사나 한평생이기는 마찬가지다.'

'여기에 오는 사람은 희망을 버려야 한다.'

'정의는 없는 것인가. 나는 결백하다.'

'나는 귀신이 되어 돌아와서 조선에 있는 왜놈이란 왜놈은 모조리 죽여 버리겠다.'

이와 함께 그 옆에 써놓은 아리랑 가사도 많이 있었다. 글귀마다 우리 가난한 동포의 피눈물이 아로새겨져 있는 지옥 속의 방이었다.

우리는 지금 마지막 아리랑 고개를 넘어가고 있다. 지금 조선에는 민요가 하나 있다. 그것은 고통받는 민중들의 뜨거운 가슴에서 우러나온 아름다운 옛 노래다. 심금을 울리는 아름다운 선율에는 슬픔이 담겨 있듯이, 이것도 슬픈 노래다. 조선이 그렇게 오랫동안 비극적이었듯이 이 노래도 비극적이다. 아름답고 비극적이기 때문에 이 노래는 300년 동안이나 모든 조선 사람들에게 애창되어 왔다.

만주벌판 어디에서나 조선인 의용병이건 중국인이건 모두 이 아리랑을 부르고 있다. 조선은 이미 열두 고개 이상의 아리랑 고개를 고통스럽게 넘어왔다. 수십 명의 조선인 동료들이 옆 감방에 갇혀 있었다. 그들 중의 상당수는 처형되었거나 고문으로 정신이 돌아버렸다. 조선은 아직도 마지막 아리랑 고개를 올라가서 교수대를 때려 부술 정도의 힘을 가지고 있다.

김산은 조국을 위해 자신이 죽어서 열두 고개가 되면 열세 번째 고개인 조국 광복이 오리라 생각했다. 님 웨일즈는 조국 통일을 위하여 중국 혁명에 뛰어든 이 조선 청년의 가슴속에 '아리랑'이라는 대단한 민족적 정서가 흐르고 있음을 알고 책 제목을 "Song of Ariran"이라고 했던 것이다.

당시 중국 혁명에 투신한 조선 혁명가들은 일본으로부터의 해방이라는 목표를 달성하기 위하여 중국 공산당혁명의 성공을 조선 독립의 지렛대로 보는 경향이 있었다. 김산도 그랬다. 그는 상해 임시정부 주변에서 활동하던 수많은 항일 급진주의자들과 접촉하며 아나키스트가 되었다. 그러나 님 웨일즈가 본 것은 중국 공산당혁명에 투신한 김산의 이데올로기적 활동이 아니라 어린 시절 기독교의 진리에 영향을 받은 반듯한 청년의 인간적인 품성, 그리고 조국을 향한 불굴의 애국심이었다.

김산이 처형된 지 45년이 지난 1983년, 중국 공산당은 과오를 인정하고 그를 복권시켰으며, 한국 정부는 그의 탄생 100년이 되는 2005년에 건국훈장을 추서했다.

독립군의 대부 최재형 선생

조선반도에서는 살 수가 없었다. 권력층은 세상이 어떻게 바뀌는지도 모른 채 서로 싸움만 하고, 백성들은 가난과 관리들의 착취에 시달리고 있었다. 1863년 함경북도 경원(慶源)에 살던 최재형의 가족은 두만강을 건너 연해주로 왔다. 훗날 독립군의 대부가 된 최재형 선생이 아홉 살 때였다. 핫산 인근에 있는 지신허에 살다가 극심한 가난을 견디지 못해 가출한 최재형은 러시아 상선 선원이 되었고, 러시아인 선장 부부의 도움으로 그의 집에 기거하게 되었다. 7년간의 선원생활로 러시아뿐 아니라 세계 문물에도 높은 식견을 갖춘 그는 러시아 군대의 통역으로 있으면서 폭넓은 인맥을 쌓았다. 그 인맥을 바탕으로 사업을 성공적으로 이끌었다.

박영효의 초청으로 일본을 다녀온 그는 참담하게 망한 조국을 보고 마음이 바뀌었다. 연해주에 사는 그에게 조국을 떠난 독립투사들이 모여들었다. 최재형 선생은 돈을 쓸 줄 알았다. 그의 집에서 독립투사들이 '동의회'라는 조직을 만들었다. 발기인은 헤이그 밀사로 갔던 이위종, 갑부 최재형, 의병장 안중근 등이고 그 회의에서 최재형 선생은 총장에 선출됐다.

안중근 의사는 하얼빈 역으로 출발하기 전 그의 집에서 권총 사격 연습을 했다. 그리고 하얼빈으로 떠날 때 그가 소지한 신분증은 〈대동공보〉 기자증이었다. 〈대동공보〉는 장지연, 최재형 선생이 만든 신문이다. 하얼빈까지 동행했던 동지 우덕순은 동의회 회원이었다. 그러므로 이토 히로부미 격살은 안중근 개인이 아니라 최재형과 동의회가 치밀하게 계획한 거사였다고 볼 수 있다.

　1919년 3·1운동이 일어났고 1920년 우수리스크에서는 '4월참변'이 일어
났다. 한 달 전 러시아 부대가 일본인을 살해한 사건을 빌미로 연해주 지역의
독립운동 기세를 꺾기 위해 고려인이 살고 있는 신한촌 마을을 공격하여 마을
이 불타고 300여 명의 고려인을 죽였다. 이때 최재형은 일본군에 끌려 나가 산
기슭에서 총살되었다.

　우리 정부는 1962년 최재형에게 건국훈장 독립장을 추서하고, 2014년 대한
민국재외동포재단은 최재형의 고택을 매입했다. 그 집이 우수리스크 도로변에
있는 '최재형기념관'이다.

　6월 16일 아침, 우리는 굵은 빗줄기 속에 우산을 받쳐들고 그가 살다가 마
지막 끌려 나간 집 앞에 서 있있다. 뜨거운 것이 치밀어 올랐다. 산기슭에서 총
성이 울리는 순간 그는 더 뜨거운 피눈물을 흘렸으리라.

우수리스크의 라즈돌노예 역

블라디보스토크에서 출발하여 우수리스크로 가는 길에 라즈돌노예 역이 있다. 1937년 수많은 고려인들을 집결시켜 시베리아 수송열차에 강제로 대워 이주시킨 역이다. 우리가 도착했을 때는 비가 그쳤으나 역 광장은 꽤 질척거렸다. 빗물을 머금은 나무들과 시골 마을은 80년 전 고려인들의 서글픈 역사를 아는지 모르는지 고즈넉하기만 했다.

한적한 시골 역. 철길 위에는 앞부분에 주황색 띠를 두른 암록색 기관차가 화물차 몇 량을 달고 흰 수증기를 내뿜고 있었다. 바쁠 것도 쫓길 것도 없는 한가로운 광경이었다. 그런데 80년 전 이곳에서 그 많은 우리 동포들이 어디로 가는지도 모르고 공포에 떨며 기차를 탔던 것이다.

김호준 선생은 《유라시아 고려인 150년》에서 고려인 강제이주에 관한 당시 상황을 이렇게 기술했다.

"고려인 강제이주는 1930년대 일본과 러시아의 관계 악화에서 기인된 것이었다. 1904년 러일전쟁에서 이긴 일본은 러시아로부터 사할린의 남부를 빼앗고 1910년에 조선을 합병하여 대륙침략의 발판을 마련하였다. 1937년 6월에는 아무르 강에서 일본군이 소련 군함 한 척을 격침시킨 데 이어 7월에는 중일전쟁이 일어났다. 연해주와 만주에서 독립군들이 일본에게 타격을 입혔지만 팽창하는 일본 세력에 더욱 긴장한 러시아는 연해주 고려인들을 미래의 불안세력으로 보았다. 그러나 러시아 땅인 연해주에 사는 고려인들은 일본 군국주의와 스탈린의 공포정치 틈바구니에서 스탈린에게 충성을 해야만 살 수 있었다.

1937년 8월 21일 스탈린은 연해주의 고려인 18만 명을 중앙아시아로 강제이주시키라는 1급비밀 긴급명령을 하달했다. 강제이주 목적은 "원동지방에서 일본 첩자들이 침투하는 것을 차단하기 위한 것"이라고 했다. 원동의 고려인 사회를 일본인 첩자의 온상으로 간주하고 먼 곳으로 격리시킨다는 의미였다.

고려인들은 억울했다. 그들은 러시아의 적인 일본에 대항하여 싸웠고, 러시아의 소비에트화에 앞장서서 소련에 이바지해 왔으며, 황무지 연해주를 옥토로 바꾸어 식량이 부족한 이 지역에 곡식과 채소를 공급해 오지 않았던가?

그들은 강제이주 때 고려인의 저항을 막기 위하여 먼저 이 지역 지도급 인사를 제거하는 대대적인 검거작전을 시행했다. 고려인 출신 공산당원을 비롯하여 관리, 장교, 교사, 언론인, 작가, 화가, 의사, 기술자는 물론 일본군 및 백군과 싸웠던 빨치산들까지 지식인, 지도급 인물은 무조건 체포하였다.

일제하에서 소련으로 망명해 고려문학에 사회주의 리얼리즘을 처음 도입한 작가 조명희도 1937년 하바롭스크에서 연행된 후 재판도 없이 간첩혐의로 총살되었고, 일본 침략군에 맞서 1918년 고려인 빨치산 부대 창설에 앞장섰던 한창걸도 이때 희생되었다.

이렇게 수많은 고려인이 체포, 처형되자 고려인 사회는 집단적 공포에 빠졌다. 검거와 처형. 그 공포가 절정에 달했을 때 강제이주가 실행되었다. 연해주 고려인들은 출발 이틀 내지 일주일 전에 이동 준비 통보를 받았다. 부동산은 그대로 두되 한 달 여행에 필요한 식량과 옷가지, 이부자리만 준비하라는 지시가 뒤따랐다. 고려인 지역 내의 이동이나 통신은 금지되었으며 고려인이 갖고 있던 러시아 당증과 공민증을 회수하고 사냥총을 비롯한 모든 무기를 압수하였다. 불만을 제기하거나 반대선동을 하는 사람은 체포되어 사라졌다.

그해는 유난히 풍년이 들어 모두 기뻐했었다. 그러나 추수를 앞두고 떠나야 하는 고려인들은 아직 덜 여문 곡식을 챙겼다. 노인들은 조상묘를 파헤쳐 유골을 수습해 가기도 했다. 그러나 들고 갈 수 있는 건 1인당 30kg으로 제한되었다. 고려인 마을 부근에 사는 러시아인들은 고려인이 떠나면 남는 것은 모두 자기들 것이 된다고 좋아했다. 행선지가 통보되지 않아 고려인들은 멀리 떠난다는 것과 출발 일자만 알고 있을 뿐이었다. 고려인들은 촌락단위로 이동하여 가까운 철도역에서 이주열차를 탔다.

9월 21일 블라디보스토크 역을 출발한 수송열차는 우수리스크 곡창지대에 있는 라즈돌노예 역에서 많은 고려인을 태우고 머나먼 중앙아시아를 향해 40여 일을 달렸다. 황량한 사막지역에 그것도 겨울에 도착한 그들은 맨손으로 땅을 파 토굴 속에서 혹독한 겨울을 나야 했던 것이다."

우리는 80년 전 공포에 질린 고려인들로 아수라장이었을 라즈돌노예 역을 떠나 강제이주 수송열차가 출발한 블라디보스토크 역을 향해 무거운 발걸음을 옮겼다.

궁전 같은 블라디보스토크 역

먹구름이 잔뜩 낀 하늘에서 간간이 비를 뿌리는 늦은 오후. 기차역이라기보다 차르에게 어울리는 궁전 같은 블라디보스토크 역에 도착했다. 맞은편에 있는 레닌 동상은 비극적인 스탈린의 강제이주 명령을 추인이나 하듯 손을 들어 먼 곳을 가리키고 있었다. 러시아 제국의 영광을 향한 저 손짓 끝에 얼마나 많은 사람들이 사라져 갔을까?

고려인을 태운 첫 수송열차는 객차, 화물차, 가축운반차 등을 엮어 50량으로 편성되었다. 무장군인들이 둘러싸고 있어 도주는 불가능했다. 열차는 한번 달리면 며칠을 달리기도 하고 때로는 두세 시간 또는 이삼 일씩 머무르기도 했다. 그 사이 출산 소동이 벌어지고 식량 약탈이 일어나기도 하고 배신자를 가려내 인민재판이 열리기도 했다. 비밀경찰요원은 불순분자나 병자들을 골라 쥐도 새도 모르게 손을 봤다.

처음 카자흐스탄 우슈토베에 도착한 고려인들은 얼어붙은 토굴 속에서 아침에 눈을 떠야 살아 있었다고 한다. 학자들은 이주 도중 사망자와 이주 전후의 정치적 희생자까지 당시 사망자를 16,500명에서 최대 25,000명으로 추정하고 있다.

고려인 강제이주는 러시아의 적국인 일본에게는 힘 안 들이고 원동 지역의 반일 근거지가 제거된 셈이다. 그러나 일제는 1937년 11월 모스크바 일본대사관을 통하여 "조선인은 타국의 국적을 취득해도 일본제국의 신민임은 변함없다. 일본 정부는 소련 거주 조선인의 강제이주를 항의하며 이들 조선인의 안전

에 대해 조사할 것을 요구한다"며 간악함을 보였다. 물론 러시아 정부는 "일본은 개입할 특권이 없다"고 일축하였다. 러시아와 일본 두 열강은 이렇게 조선이라는 먹이를 놓고 으르렁거리고 있었다.

이런 잔혹한 강제이주에 대해 어느 나라도 말이 없었다. 강제이주가 세상에 처음 공개된 것은 소련의 노벨문학상 수상작가 알렉산드르 솔제니친의《수용소군도》에 의해서였다. 솔제니친은 1963년《이반 데니소비치의 하루》에서 소련 강제수용소의 실체를 폭로했다. 그리고 1973년《수용소군도》를 발표하여 반소 작가로 낙인찍혀 추방당했다. 그 이전, 머나먼 유형의 땅 사할린을 혼자 방문하여《사할린섬》을 발표한 안톤 체호프도 사할린 수용소 죄수들의 실상을 폭로했다. 소련의 정치가들은 잔인하였지만 문학가들은 위대했다.

세계 최장의 시베리아 횡단철도

시베리아 횡단철도(Trans-Siberian Railroad : TSR)는 러시아 극동의 부동항 블라디보스토크를 출발하여 모스크바까지 9,288km 총 60개 역을 쉬지 않고 달려도 6박7일이 걸리는 세계 최장의 철도다. 블라디보스토크에서 출발한 기차는 중국 북부를 지나 바이칼호를 남으로 끼고 이르쿠츠크, 노보시비리스크, 옴스크, 예카테린부르크를 거쳐 우랄산맥을 넘어 모스크바까지 간다. 길게는 상트페테르부르크를 지나 핀란드 헬싱키까지 이어준다.

시베리아 철도공사는 1891년 동쪽의 우수리 구간에서 시작하여 25년이 걸려 1916년에 완성되었다. 착공 당시 서쪽 모스크바에서 우랄산맥까지는 이미 철도가 부설되어 있었기 때문에 시베리아 철도공사는 사실상 우랄산맥 동쪽 부분 공사였다. 이 대부분의 공사에는 시베리아로 유배된 죄수들이 투입되었다. 극동 구간에는 주로 중국인이 투입되었고 가끔 조선인 인부도 있었는데, 공사 중 사망한 사람은 총 1만 명에 달했다.

우리는 6월 16일 밤 9시 15분 블라디보스토크 역에서 열차를 타고 러시아 극동의 군사도시 하바롭스크까지 가기로 했다. 시베리아 횡단열차의 가장 동쪽인 우수리 구간을 타는 것이다.

블라디보스토크 역은 대합실 입구에서부터 가방 검사를 했다. 조금이라도 이상하면 가방을 열고 짐을 꺼내라고 한다. 화장실 입구에서도 기차표를 검사

했다. 지하계단을 통과하여 기차에 오르는 입구에서 여권과 기차표를 회수하기 때문에 4인용 객실 번호를 기억하고 올라가야 한다. 물론 기차표와 여권은 승무원이 객실로 와서 돌려주었다.

기차 안은 우리나라 기차보다 좁았다. 객실 우측 창쪽에 좁은 복도가 있는데 서로 교차하여 지나가려면 한 사람이 서서 기다려 줘야 한다. 통로 좌측에 있는 객실은 양쪽에 침대 4개가 아래위로 붙어 있다. 2층 침대는 작은 사다리를 잡고 올라가야 해서 불편하고 답답했다.

그래서 시베리아 횡단열차 여행을 계획한다면 네 명씩 팀을 짜는 것이 좋겠다. 좁은 공간에서 낯선 사람들과 밤낮을 가야 하기 때문이다. 짐은 침대 밑에 넣어야 하는데 좁고 낡아서 애를 먹었다. 객차 몇 량 사이마다 식당 칸이 있어 간단한 요기도 할 수 있었으나 이용해 보지는 않았다.

시베리아 횡단철도 우수리 구간은 주로 초원을 달린다. 해질 무렵 드넓은 초원 위의 일몰은 장관이다. 보드카를 마시고 취해서 자면 모르되 야간열차는 잠을 설치기 마련이다. 우리 팀은 남자 셋에 여자 한 명이어서 서용순 작가는 2층 침대에서 밤새 뒤척였다. 새벽 4시 반쯤 눈을 뜬다면 동쪽 초원 위를 물들이는 아름다운 여명을 감상할 수 있다.

극동의 군사도시 하바롭스크

아침 8시 15분 하바롭스크 역에 도착했다. 이곳을 안내해 줄 한복순 여사가 손녀와 함께 꽃을 들고 객차 앞까지 나와 환영해 주었다. 그런데 이곳에서도 깜짝 놀랄 사고가 있었다. 기차에서 내려오시던 이 박사님이 트랩에서 미끄러지신 것이다. 박사님은 걱정하는 우리에게 괜찮다고 손사래를 치셨다.

한낮엔 겉옷을 벗어야 할 정도로 꽤 더웠다. 땀을 흘리면서도 긴팔 옷을 입고 계신 이 박사님을 가까이 가서 보니 오른팔에서 피가 흐르고 있었다. 기차 트랩에서 미끄러지면서 모서리에 찢긴 것이었다. 그냥 봐도 상처가 너무 깊었

다. 당장 꿰매지 않으면 안 될 정도였다. 우리는 일정을 미뤄 두고 병원으로 달려갔다. 거의 다섯 시간이 걸려 처치를 받았으니, 응급처치 시스템이 잘 되어 있는 우리나라는 정말 대단한 나라다.

블라디보스크에서는 그렇게 까다롭게 검사를 하더니 이곳에서는 대합실로 들어가지도 않고 바로 역 광장으로 나왔다. 엷은 파스텔톤의 하바롭스크 역사가 군사도시의 첫인상을 밝게 해 주었다.

러시아 지역 광장이면 어디나 그렇듯이 이곳에도 동상이 서 있었다. 하바롭스크를 발견한 탐험가 하바로프 동상이다. 하바롭스크는 소련의 극동지역을 통괄하는 군사도시다. 하바롭스크를 끼고 흐르는 아무르 강은 몽골고원에서 시작하여 시베리아와 만주 사이 러시아와 중국의 국경을 이루며 4,350km 흘러

하바롭스크에 이르기 전 쑹화강과 만나고 하바롭스크 부근에서 다시 우수리 강과 합하여 오호츠크해로 들어간다. 아무르 강은 그 길이만큼이나 긴 세월 동안 주변국들의 역사를 지켜 온 강이다.

하바롭스크는 블라디보스토크처럼 일제강점기에 우리 독립투사들이 활동하던 도시다. 상해 임시정부 총리를 지낸 이동휘 선생이 1918년 이곳에서 한인사회당을 조직하고, 조선인 사회주의자들은 1917년 혁명 당시 볼셰비키(적군파) 편에 서서 백군에 대항하여 싸웠다.

시가지 바로 옆을 흐르는 아무르 강변에는 수영복을 입은 사람들이 일광욕을 즐기고 있었다. 결혼식을 마치고 나온 신랑신부와 친구들을 만나 우리는 그들과 함께 기념사진을 찍기도 했다.

향토사박물관

향토사박물관은 극동지역에서 가장 오래된 박물관이다. 관람객의 눈길을 끄는 것은 '볼로차예프카 전투' 파노라마 사진이다. 이 전투는 러시아 혁명군이 하바롭스크를 해방시키는 데 큰 역할을 했다.

전투에 참전한 고려혁명의용군대는 러시아 붉은 군대의 승리가 바로 조국의 독립과 직결된다고 믿고 있었다. 일본에 짓밟힌 힘없는 조국을 구해 내기 위해 러시아 지역의 조선인들은 러시아 내전에서 힘센 적군 쪽에 가담하였고, 중국의 아나키스트들은 중국 공산당혁명의 승리가 조국의 국권 회복을 도와줄 것이라고 믿고 공산주의자가 되어 목숨을 바쳤다. 이 볼로차예프카 전투에서 한인 빨치산 12명이 전사했다. 이외에도 시베리아 호랑이 박제, 이 지역 소수민족인 나나이족 유물, 그리고 전쟁 때 사용됐던 포탄과 선반 등 오래된 유물들이 전시되어 있었다.

170

한국교육원 권기열 원장

1997년에 문을 연 하바롭스크 한국교육원을 방문했다. 권기열 원장이 반갑게 맞아 주었다. 이곳에서 한국어 교육과 한국문화 보급, 한국으로의 유학생 유치, 한국 유학생들의 안전관리, 그리고 하바롭스크의 각 학교에 한국문화와 한국어 교육지원을 하고 있다고 한다.

그래도 곳곳에 우리말과 글과 문화를 가르치고 지원해 주는 교육원과 문화센터가 있어 마음이 놓였다. 말과 글을 잊지 않아야 문화를 계승하고 조국의 존재에 자부심을 갖게 되는 것이 아니던가.

우리는 민족의 노래 아리랑을 널리 알려 달라는 부탁과 함께 먼 타국에서 고생하고 있는 권기열 원장에게 감사 인사와 응원을 보냈다.

철교역사박물관

시베리아 횡단철도는 1891년 처음 우수리 구간에서 시작하여 마지막으로 아무르 철교가 완공된 25년간의 공사 끝에 개통되었다. 이 기간 중 연인원 10만 명이 동원되었으며, 특히 교량 공사 중 추위를 견뎌 내면서 잘못하여 추락사하는 사고가 잦았다고 한다.

시베리아 횡단철도 건설 중 가장 힘든 공사는 바이칼 호수를 지나는 공사와 아무르 강 교량 공사였다고 한다. 2km가 넘는 강폭에 깊은 수심, 겨울 강추위가 문제였다. 얼마나 난공사였으면 연인원 10만 명에 사망자가 1만 명이나 되었을까. 중세 봉건주의나 사회주의국가가 아니면 불가능한 대역사였다. 시베리아 횡단철도 마지막 공사인 아무르 철교는 2,165m의 교량에 기차와 자동차가 함께 통과할 수 있는 복합 교량으로 3년 2개월 만인 1916년 10월 개통되었다.

아무르 강을 건너는 철교 가까운 곳에 철도역사박물관이 있다. 외부에 커다란 증기기관차가 전시되어 있고 박물관 내부에는 아무르 철교를 건설하던 당시 자료들이 전시되어 있다. 나이 지긋한 해설사 한 분이 열심히 설명을 해 주었다.

실제 크기로 만들어 놓은 철교에 올라가서 상판 끝까지 걸어 나갔다. 난간에 서서 하늘을 바라보다가 시선을 내리면 발아래 진한 황토물이 도도히 흐르고 있다. 하늘색이 어두우면 황토물은 검은 강물이 된다. 그래서 중국에서는 흑룡강 (黑龍江)이라 한다.

국립중앙공동묘지에서 사라진 조명희 선생 묘

이 공동묘지에는 스탈린에 의해 숙청된 사람과 강제이주에 관련되어 죽은 사람들, 그리고 일반인들이 안장되어 있다. 러시아인뿐 아니라 중국인, 고려인도 묻혀 있다. 조명희 선생 묘지도 이곳에 있다고 들었다.

그런데 한복순 여사가 한 곳을 가리켰다. 2000년경까지는 이 자리에 조명희 선생 묘지가 있었는데 언제인지 없어져 버렸다는 것이다. 황당하고 안타까운 일이 아닐 수 없다. 이런 일은 공식적으로 확인해 봐야 할 사안이다.

우리는 해가 저물어가는 늦은 오후에 이곳에 들렀다. 묘지 입구에는 이곳에 묻힌 수많은 사람들의 이름이 적힌 검은 기둥이 서 있었다.

러시아의 파리 이르쿠츠크

18일 저녁 10시 35분 하바롭스크 공항을 출발하여 한밤중에, 그것도 비가 억수같이 쏟아지는 이르쿠츠크에 왔다. '러시아의 파리'로 불리는 이곳은 과거 제정 러시아 시절에는 귀족들의 유배지였다. 유배 온 귀족들이 미사를 드리던 수도원과 교회가 아직도 남아 있다. 지금은 교통이 발달해 어느 곳이건 어렵지 않게 왕래할 수 있지만, 당시만 해도 이곳에 유배되면 다시는 돌아갈 수 없는 시베리아의 오지였다.

지금 이르쿠츠크는 삭막한 다른 도시들에 비해 세련된 유럽 분위기가 풍긴다. 그것은 데카브리스트의 영향이다. 19세기 초 러시아와 나폴레옹전쟁 때 나폴레옹을 추격해 유럽을 원정했던 청년 귀족들이 유럽의 자유주의를 보고 돌아왔는데, 진보적인 젊은 장교 121명이 부패한 당시 니콜라이 1세 황제에 맞서 쿠데타를 모의했다가 실패로 돌아가 5명이 처형되고 나머지는 이르쿠츠크로 유형된 사건이 있었다. 데카브리스트란 러시아에서 최초로 근대적 혁명을 꾀했던 이 청년 장교들을 말한다.

황제는 이 젊은 귀족 장교들의 부인에게 반역자 남편을 버리고 귀족 신분으로 재혼을 하든지, 아니면 귀족의 모든 특권을 버리고 시베리아 유형지로 따라가든지 선택하라는 명령을 내렸다. 부인들은 남편을 따라 유형의 길을 택했다. 영하 40~50도의 시베리아 유형길에 죽은 사람도 부지기수였다. 이들 데카브리스트 장교 중 트루베츠코이 백작의 집이 현재 데카브리스트 박물관이다.

고려인문화센터 한인회장단

이르쿠츠크 고려인문화센터 문상순 회장과 전영일 부회장을 만났다. 노보시비리스크대학 무역학과를 나와 무역 업무를 했다는 문 회장은 그들의 생활과 그들이 생각하고 있는 국제 정세 등에 대해 자세히 들려주었다. 그리고 설날이나 추석 명절 때 한국 노래를 한다면서 한복 입고 아리랑을 부르는 동영상을 스마트폰으로 보여 주었다.

지금은 인터넷으로 아리랑을 얼마든지 들을 수 있어 좋지만, 이르쿠츠크 고려인과 러시아인들을 위해 우리 전통음악을 와서 들려 줄 기회를 만들었으면 하는 바람을 내비쳤다. 마음과 의지가 있으면 못할 일도 아니다. 두 딸을 국악 연주가로 키워 낸 류승호 부대장이 언젠가 꼭 기회를 만들지 않을까 싶다. 또 이 책 앞에 세계인이 부르고 있는 아리랑을 자세히 소개해 준 국악계의 대부 서한범 교수가 계시지 않은가.

이 박사님이 1937년 강제이주 때 미리 장애물을 제거하기 위해 1930년경부터 고려인을 많이 처형했다고 하자, 문 회장은 "스탈린 시대 때 여기서도 고려인이 많이 죽었습니다. 당시 죽은 고려인이 122명이에요. 당국의 허가가 나면 그들의 무덤에 추모비를 세우려 합니다"라고 대답했다. 그런 날이 어서 오기를 바랄 뿐이다.

만찬이 끝나갈 무렵 하모니카팀이 아리랑을 연주했다. 우리는 다함께 아리랑과 고향의 봄을 부르며 다시 하나임을 확인했다. 역시 아리랑은 우리 민족이 하나 되는 묘약 중의 묘약임에 틀림없다.

시베리아의 푸른 눈 바이칼

유라시아 대륙에서 가장 큰 담수호(淡水湖) 바이칼 호수를 만나려면 시베리아 횡단열차나 비행기를 타고 일단 이르쿠츠크로 가야 한다. 그리고 호수에서 가장 아름다운 알혼 섬에 가려면 차로 네다섯 시간을 달려 페리를 타고 20여 분 더 들어가야 한다.

이광수의 소설 〈유정〉의 무대가 바이칼 호수라는 사실을 알고 꼭 한번 가보고 싶은 곳이었다. 스물두 살 청년 이광수가 일제강점기 때 어떻게 시베리아까지 가게 되었는지, 그리고 바이칼에서 무엇을 보고 느꼈는지 무척 궁금했다. 더하여 중앙아시아 또는 유라시아 유목민족들의 발원지이자 이동 경로로서 중요한 문화사적 의의가 깃든 곳이기에, 북방 몽골로이드계인 우리 민족의 뿌리와 역사문화적 근거지로서 이번 답사에서 빼놓을 수는 없는 곳이었다.

시베리아 샤머니즘의 본원지라 불리는 알혼 섬은 바이칼 원주민인 코리족의 고향이다. 이 코리족은 고구려의 조상인 북부여족과 깊이 연관되어 있다. 이 외에도 바이칼호 일대의 토착원주민인 부랴트족의 정신적 뿌리인 샤머니즘과 우리나라 무속신앙과의 유사성, 그리고 비슷한 풍습 등을 보더라도 우리의 먼 조상들이 바이칼 유역에 살다가 몽골과 만주를 거쳐 백두산으로 내려왔다는 우리 민족의 이주사를 더듬어 보는 소중한 기회가 아닐 수 없다. 그만큼 바이칼 호수는 우리에게 매우 의미 있는 곳이다.

바이칼 호수의 심장 알혼 섬

우리는 알혼 섬으로 가기 위해 아침 8시경 호텔을 나섰다. 어젯밤 그렇게 세차던 빗줄기는 오전 내내 가는 이슬비가 되어 들뜬 마음을 가라앉혀 주었다. 드넓은 초원 사이로 쭉 뻗어 있는 도로가 대륙의 장쾌함을 느끼게 했다면, 낮은 하늘과 안개 속 자작나무 숲은 신비감을 자아냈다. 앞자리에 앉은 류승률 사진 작가의 카메라 셔터 소리가 그칠 줄을 몰랐다.

1시가 가까워서야 사휴르따 선착장에 도착했다. 다른 자료에서는 이곳을 MRS(Motors Repair Service)라고 한다. 아름다운 호수와는 어울리지 않는 이름이 지만 소비에트 시절 이곳에 바이칼 호수를 운행하는 선박 수리공장이 있었다 고 한다. 구글 지도에도 MRS로 나온다. 우리는 이곳에서 페리에 차를 싣고 섬 으로 들어가 멋진 통나무집에 짐을 두고 알혼 섬 투어에 나섰다. 자동차는 밑이 높아 험한 비포장길을 달리기에 안성맞춤인 '우와직' 이라는 소련제 지프다. 몽 골 사막이나 초원에서 타는 '푸르공' 이라는 차와 같다.

그런데 우리 차는 문제가 있었다. 네 명씩 앉는 의자 두 개가 서로 마주보게 되어 있고 바닥에는 비닐장판을 깔아놓았다. 일행 여덟 명이 네 명씩 마주 앉아 울퉁불퉁한 길을 사정없이 달렸다. 빗물에 파인 웅덩이가 많아 차가 요동을 쳤 다. 아무리 힘을 주어도 엉덩이가 붙어 있지 않고 머리가 천장에 부딪쳤다. 비 닐장판 바닥에는 발을 버틸 지지대도 없어 몸을 버틸 수가 없었다. 차창 옆에 손잡이가 있지만 급브레이크를 밟거나 급히 핸들 조작을 하면 의자에서 튕겨

나가 마주앉은 사람에게 돌진한다. 처음에는 바이칼 숲속 투어라고 좋아하다가 비명을 지르기에 바빴다. 그래도 우리는 마냥 신났다. 그 와중에 하모니카 연주에 맞춰 알고 있는 노래란 노래는 다 불렀다.

6월 말이 가까운데 숲속에는 진달래가 피어 있었다. 안개가 걷히지 않고 바람이 불고 가끔 가랑비가 내려 바람막이를 꺼내 입어야 했다. 알혼 섬 언덕에서 하모니카팀이 다시 아리랑을 연주하기 시작했다. 안개와 바람이 몰아치는 언덕 위에서 서용순 작가가 덩실덩실 춤을 추었다. 하나가 된 우리의 아리랑 노랫소리가 알혼 섬에 울려 퍼졌다. 눈물인지 빗물인지 흠뻑 젖은 우리 얼굴에는 환한 웃음꽃이 피어났다.

늦은 오후, 간이식탁이 놓인 숲속에서 잠시 쉬어 가기로 했다. 그리고 러시아인 운전기사가 준비해 온 오물탕을 끓여 저녁 대신 먹기로 했다. 오물은 바이칼에서 많이 잡히는 청어 비슷한 물고기다. 감자, 고추, 양파 등 야채를 듬뿍 넣고 모닥불에 끓여서 보드카 한잔을 곁들여 먹는 오물탕은 바이칼 투어에서 빼놓을 수 없는 즐거움이다.

다음 날 아침 눈을 떠보니 구름 한 점 없는 파란 하늘과 짙푸른 바이칼 호수가 기다리고 있었다. 우리는 환호성을 지르며 달려 나갔다. 대자연의 맑은 기운이 온몸을 감쌌다. 수많은 이야기를 담고 있는 호수가 말을 걸어오는 것 같았다. 모두 스마트폰을 높이 들고 그 이야기를 카메라에 담았다.

250만 년 전에 만들어졌다는 '시베리아의 진주' 바이칼 호수에 손을 담가 작은 조약돌을 하나 건져올렸다. 안 되는 줄 알면서도 주머니 속에 넣었다. 지금도 책상 위에 놓인 그 작은 조약돌과 바이칼의 추억을 나누고 있다.

　후지르 마을 옆 부르한 바위가 보이는 언덕 위에는 색색의 천이 감긴 13개
의 솟대 기둥이 나란히 서 있다. '오보'라고 불리는 이 천은 시베리아의 무속인
들이 감아 놓은 것이라고 한다. 바람에 펄럭이는 오보를 가만히 만져보았다. 세
계적인 샤머니즘의 중심지라는 이곳에서 신령한 기운이 뿜어져 나오는 부르한
바위를 향해 춤을 추며 제를 올리는 무당들의 모습이 떠올랐다. 상상의 나래는
드넓은 바이칼 호수 위를 지나 파란 하늘 위로 높이 퍼져 나갔다. 우주의 노래
아리랑 가락을 싣고서.

　나란히 선 13개의 솟대 위로 흰구름이 그림을 그리듯 머물러 있다. 이때 서
용순 작가가 기막힌 아이디어를 냈다. 우리 여덟 명이 솟대 기둥 사이 사이에
서서 기념 촬영을 하자는 것이었다. 우리는 제각각 포즈를 취하면서 2차 아리
랑 로드 대장정의 피날레를 장식했다.

유형의 땅 사할린

시베리아 연해주 아리랑 로드 대장정을 다녀온 지 보름도 되지 않아 사할린 대장정을 떠나기로 작정했다. 여독이 남아 있었지만 사할린 일정은 3박4일이어서 부담없이 일어섰다.

오호츠크 해 서쪽, 일본 홋카이도 북쪽에 남북으로 길게 뻗어 있는 사할린. 러시아 차르 정부 시절 노예형을 받은 범죄자들의 유형지였던 이 섬은 원주민 아이누족 말로 '카라후토, 즉 자작나무의 섬'이라 불렸다.

1905년 러일전쟁의 승리로 사할린 북위 50도 이남의 땅을 빼앗은 일본은 탄광을 개발하기 위해 철도를 부설하고 1938년 국민총동원령을 내려 조선인들을 대대적으로 동원했다. 징용된 조선인들은 탄광, 벌목장, 비행장, 도로, 철로 건설 등의 노역장에 동원되었으나 주로 가장 힘든 탄광에서 일했다.

조선을 식민지로 만들고 대국 러시아와의 전쟁에서 사할린 남쪽을 빼앗은 일본은 불시에 진주만을 습격하여 태평양전쟁을 일으켰다. 하지만 1945년 8월 6일 히로시마에, 8월 9일 나가사키에 원자폭탄 세례를 받고 8월 15일 항복했다. 일본은 패망하자 사할린에 있던 자국민들을 모두 데려가고 강제로 끌고 온 조선인들은 사할린 땅에 그대로 버려두었다.

오갈 데 없는 조선인 징용자들은 사할린 땅에 재입성한 러시아에 의해 계속 노역에 시달렸다. 해방된 조국으로 건너올 길이 막힌 그들은 북한의 공작으로 북송선을 타기도 했고, 일부는 사할린에서 노동력이 필요한 러시아의 종용으로 국적을 러시아로 바꾸기도 했다. 그러나 대부분의 조선인들은 고향으로 돌아가기를 간절히 원했다.

사할린 징용 광부들은 혹독한 노역과 망향의 한으로 고통받고 있었지만 한국 국내에서는 이들의 실상이 이슈화되지 못했다. 일제 식민지 지배에서 벗어난 한국은 6·25전쟁의 상처를 안고 가난 속에서 4·19와 5·16의 혼란을 겪고 있었다. 남북 대치상태에서 '조국근대화'의 길을 모색하던 국내 사정은 사할린 동포들의 눈물을 닦아 줄 겨를이 없었다. 동토의 땅 사할린의 징용 광부들은 그렇게 잊혀진 상태로 있었다.

7월 17일. 장마철로 들어선 한국은 습도가 높아 후텁지근한데 사할린은 5~10도 정도 차이가 났다. 사할린의 주도(洲都)인 유즈노사할린스크와의 시차는 2시간이다. 사할린의 지명은 대개 러시아 이름과 일본 이름이 있다. 원래 있던 러시아 지명에 일본이 점령하고 나서 다시 붙였기 때문이다. 현재 구글 지도에는 러시아어와 영어로 표기되어 있다.

망향의 한이 서린 코르사코프

유즈노사할린스크에서 육로로 45km 떨어진 코르사코프. 당시 징용당한 조선인들은 부산에서 시모노세키, 나고야, 홋카이도를 거쳐 보름 만에 이곳에 도착했다. 그 후 탄광촌에 흩어져서 일하던 그들은 전쟁이 끝나자 조국으로 돌아갈 희망에 이 항구로 몰려들었다. 그러나 일본 정부는 조선인들을 '일본인이 아니다'라는 이유로 배를 태워 주지 않았다. 왜 그랬을까? 일본인들은 유골까지 싣고 가면서 강제로 끌고 간 조선인들에게 왜 그토록 몰인정하게 했을까? 그 이유를 러시아 역사학자 쿠친 박사의《사할린 한인사》에서 찾았다.

"사할린 거주 일본인들의 귀국은 조선인들에게 본국 송환의 희망을 갖게 했다. 그러나 한반도는 남북으로 분할되었고 미국은 일본과 남한을, 소련은 북한

과 사할린을 점령했다. 미소가 점령한 남북이 차후 대립 상황을 가정하면 소련 입장에서는 사할린 조선인의 귀환은 장차 남한의 자원이 될 것이고, 사할린 지역에서 조선인 징용자의 공백은 러시아 입장에서 사할린 현지 노동력의 상실로 나타날 것이다. 전후처리 협상에서 러시아와 일본이 사할린 조선인들의 송환 문제를 생략한 것은 패전국 일본이 사할린 조선인 문제를 떠안는 문제를 회피할 수 있었다. 이러한 국제적 이해의 차이에서 생긴 사할린 조선인의 문제는 그들에게 비극적인 이산가족, 또 하나의 코리안 디아스포라를 낳았다."

유즈노사할린스크 공항에 도착해 보니 우리를 안내하기 위해 하바롭스크에서 건너온 한복순 여사가 기다리고 있었다. 우리는 바로 코르사코프 항구로 향했다. 망향의 한과 슬픈 사연이 남아 있는 곳을 찾아가는 날씨치곤 너무 화창했다. 이럴 땐 비라도 내려줘야 제격인데…

한 시간이 안 되어 도착한 항구 위쪽 야트막한 언덕 위에 서서 항구를 내려다보았다. 조국으로 갈 배를 기다리다가 지치고 지쳐서 삶을 포기할 수밖에 없었을 징용 광부들의 모습이 아른거렸다. 그 망향의 한이 지금도 이 언덕을 뒤덮고 있는 듯했다.

배를 세우는 뜻은

1945년 8월, 애타게 기다리던 광복을 맞아
동토의 사할린에서 강제노역을 하던 4만여 동포들은
고국으로 돌아가기 위해 이 코르사코프 항구로 몰려들었습니다.
그러나 일본은 일본 국적이 아니라는 이유로
이분들을 내버린 채 떠나가 버렸습니다.
소련 당국도 혼란 상태에 있던 조국도
이들을 돌보지 못했습니다.
짧은 여름이 지나 몰아치는 추위 속에서
이분들은 굶주림을 견디며
고국으로 갈 배를 기다리고 또 기다렸습니다.
이윽고,
혹은 굶어 죽고 혹은 얼어 죽고
혹은 미쳐 죽는 이들이 언덕을 메우건만
배는 오지 않아 하릴없이 빈손 들고
민들레 꽃 홀씨마냥 흩날려
그 후손들은 오늘까지 이 땅에서 삶을 가꾸고 있습니다.
조국이 해방되었어도
돌아갈 길이 없어
아직도 서성이는 희생 동포의 넋을
조국으로, 세계로 자유롭게
모시라는 뜻을 모아
이 '망향의 언덕'에
단절을 끝낼 파이프 배를 하늘 높이 세웁니다.

부러뜨린 일본 전승비

우리는 망향의 언덕에서 조금 떨어진 바닷가로 갔다. 그리고 해변가 도로 옆 주차장 옆으로 난 계단을 올라갔다. 해가 기울자 선선한 바람이 불어왔다. 바다가 보이는 산비탈에는 보라색 꽃들이 만발해 있었다.

언덕 위 아담한 곳, 명당자리에 비석 같은 구조물이 보였다. 가까이 가서 보니 총탄 자국인 듯한 상처가 나 있고 그 뒤에는 부러진 것으로 보이는 비석 상단부가 쓰러져 있었다. 비석 두 번째 글자가 일부 훼손되어 있었지만 그 부분을 東으로 보면 遠東軍上陸紀念碑였다. 짐작하건대 이 비는 러일전쟁 때 일본군 원동군 부대가 쳐들어 와서 러시아군을 내몰고 상륙작전에 성공한 뒤 세운 전승비이고, 2차 세계대전에 패한 일본이 물러간 뒤 이 지역을 다시 차지한 러시아인들이 이 비석을 부러뜨린 것이리라.

조금 위쪽으로 올라가니 '忠靈塔'이라고 쓴 바위가 누워 있고 그 앞에 포대 같은 콘크리트 구조물이 있었다. 충령탑이라 쓴 바위가 승자의 작품이라면 전투에서 사라진 일본군을 위로하는 비는 제대로 세웠을 법한데, 왜 바닥에 누워 있을까? 상륙작전에는 어디서든 전투가 치열하고 피아간 사상자가 나게 마련이다. 이 언덕에서 죽어간 일본군과 러시아군은 얼마나 될까? 승자가 세운 전승비를 부러뜨려 팽개친들, 죽어간 일본군을 위로하려는 이 충령탑을 짓밟은들 러시아군 원혼들이 기뻐할까? 이정면 박사님이 뒷짐을 지고 부러진 탑신을 돌고 있었다.

일본제국주의는 이곳 사할린뿐만 아니라 한반도와 연해주, 중국, 필리핀, 인도네시아와 괌, 사이판, 심지어 하와이까지 얼마나 많은 악행을 저지르고 인명을 살상했던가. 지금 전후 70년이 지나 전쟁의 상처도 아물고 국제관계도 그런대로 평화공존을 유지하고 있지만, 과거의 향수에 젖어 군사대국을 꿈꾸고

있는 일본 아베 정권의 우경화를 생각하니 100여 년 전 이곳으로 상륙하는 일본 원동군의 모습이 보이는 듯하다.

보라색 꽃향기로 가득한 이 아름다운 해변 언덕이 다시는 유린되지 않기를!

브이코프 탄광으로

러일전쟁에서 이긴 일본은 사할린 남쪽을 빼앗고 이 지역의 식민화에 필요한 노동력을 충당하기 위해 조선인들을 마구잡이로 끌고 왔다. 1921년 이 지역 인구조사에서 465명이던 조선인이 1945년에는 43,000명으로 늘어났다고 한다. 특히 1941년에서 1945년 사이에 26,944명이 늘어났는데, 전쟁이 격화되던 이 시기에 대규모 징용이 있었던 것이다.

당시 일본의 조선인 징용정책은 3단계로 진행되었다.

첫 단계는 일본 기업들이 정부 지원을 받아 조선인 노동자를 모집했는데, 징용에 불응할 경우 불온자 명단에 들어가 박해를 당할까 봐 계약서에 날인을 했다. 또한 사할린에 가면 깜짝 놀랄 만큼 돈을 벌 수 있다는 거짓 정보를 흘렸고, 조선인들은 돈을 모을 수 있다는 환상과 어쨌든 조선보다는 낫겠지 하는 생각에 회유당했다.

두 번째는 1941년 일본의 진주만 폭격으로 전쟁물자가 부족하여 경제상황이 첨예해지면서 노동자원에 대한 요구가 커져 가자 젊은 조선 남자들에 대한 사냥을 했다. 군대의 힘을 빌리고 몽둥이를 동원하여 청년들을 모아놓고 징용번호를 배부한 다음 강제로 죄인 호송하듯 끌고 갔다.

세 번째는 1939년 일본 정부는 조선 영토에 '국민징용령'을 공포하여 이 법에 따라 어떤 조선인도 동원할 수 있게 되었으며, 거절할 경우 처벌할 수 있었다.

하지만 사할린에 있는 조선인들이 모두 징용으로, 징용법에 따라 강제로 끌려온 것은 아니다. 돈을 벌고 싶어서 온 경우도 있다. 그러나 자의로 왔다고 해도 모두 속았다는 것, 모집을 거부하면 후환이 따른다는 것은 문제가 다르다. 일본은 조선 처녀들을 그런 방법으로 끌고 가 일본군 위안부로 삼지 않았던가.

오늘은 남사할린 북쪽에 있는 브이코프 탄광을 들러 독립유공자 전창렬 선생의 유족을 만나기로 했다. 이른 아침 출발할 때는 안개가 끼어 있었는데 차츰 안개가 걷히자 고사목들이 멋진 풍경화를 펼쳐 보였다. 넓은 평원에 농작물은 없고 온통 풀밭이었다. 그 넓은 땅이 놀고 있는 것을 안타까워하자 한복순 여사가 대답했다.

"사할린은 겨울이 길고 여름이 짧아요. 6개월이 겨울이고 여름은 2주 정도 될까, 나머지는 봄 가을입니다. 여름이 짧아 벼농사가 잘 안 되고 생육기간이 짧은 작물만 돼요. 지금은 농지가 그냥 초지로 버려져 있지만 소비에트 시대에는 모두 농사를 짓고 채소를 가꾸었어요. 그러나 소비에트가 지배하던 시대와는 달리 지금은 개인생활이 자유롭고, 농토를 활용하여 농사를 짓기에는 인력이 부족하고, 또 힘들게 농사짓지 않아도 산과 바다에 먹을 것이 풍부하기 때문에 들판에 저렇게 풀만 자랍답니다."

너무 아까웠다. 저 땅을 우리가 활용할 수 있다면 엄청난 수확을 올릴 수 있을 텐데 말이다.

돌린스크까지는 아스팔트길이지만 여기서 브이코프까지는 비포장길이어서 길 옆 무성한 나무들은 부옇게 먼지를 뒤집어쓰고 있었다. 길이 2차선으로 좁아지고 폐허 같은 목조주택이 나타났다. 기차가 다니지 않는 철로는 잡초들로 뒤덮여 있고 그 속에 건널목 표시인 붉은 X자가 고개를 들고 있었다.

언덕바지 오른쪽에 '브이코프'라는 표지판을 지나자 나지막한 산 앞에 아파트형 건물과 낡은 목조주택들이 보였다. 여기가 우리 조선 청년들이 끌려와 일했던 악명 높은 그 브이코프 탄광이었다.

독립유공자의 아들

우리는 사할린의 유일한 독립유공자인 전창렬 선생의 아들을 만나러 왔다. 지금 그의 아들 전상준 씨가 이 아파트에 살고 있었다. 러시아인 운전기사는 차를 허름한 아파트 앞에 세웠다.

세상에, 이런 폐허 같은 아파트가 있을까. 사람이 살고 있으리라고는 상상이 안 되는 5층짜리 건물. 페인트칠이 다 벗겨지고 베란다는 시커멓게 곰팡이가 피고 풀이 자라 있었다. 한복순 여사가 전상준 씨에게 전화를 걸어 아파트 호수를 확인했다.

1층 녹슨 철문을 열고 들어서자 곰팡이 냄새가 코를 찔렀다. 어두운 계단을 올라갔다. 2층 계단 벽에 철제 메일 박스가 뚜껑이 떨어진 채 삐딱하게 매달려 덜렁거렸다. 그래도 우편물인 듯한 흰 종이 몇 장이 주인을 기다리고 있었다. 습하고 컴컴한 계단 한쪽에 고양이 한 마리가 등을 돌리고 앉아 사람이 가까이 가도 미동도 하지 않았다.

우리는 계단을 두세 번 오르내린 끝에 전상준 씨 집을 찾아 들어갔다. 안에는 좁은 공간에 살림살이가 쌓여 있고, 거실 오른쪽 벽에는 이명박 대통령에게 받은 독립유공자 전창렬 선생의 건국포장증과 사진이 걸려 있었다.

전창렬 선생은 강원도 양양 출신으로 32세 때 양양군농민조합을 결성하여 항일농민운동을 전개했다. 조합원 10여 명과 함께 사회과학서적을 탐독하고 신사회 건설을 추구하며 강연회를 열기도 했다. 그러다가 양양경찰서의 단속으로

조합원들과 함께 체포되어 2년간 옥고를 치렀다. 이후 44세 되던 1939년 사할린으로 이주하여 석탄장 노동자로 일하면서 사할린 조선인학교 학부형위원장을 지내다가 77세 때 이곳에서 사망했다.

선생의 아들 전상준 씨는 1930년생으로 올해 86세다. 귀가 어두워 대화가 잘 이어지지 않았다. 더구나 오랜 세월 러시아어를 사용하다 보니 우리와 소통이 잘 안 되는 부분은 한복순 여사가 통역해 주었다. 사할린에서 기자 생활을 한 동생(전상주)이 부친의 독립운동 관련 자료를 수집하여 한국 정부로부터 독립유공자로 인정받을 수 있었다고 한다.

한 시간 반 동안 대화를 나누는 동안 전상준 씨는 기침을 자주 하고 숨이 차 보였다. 천식인 듯했다. 브이코프 탄광, 곰팡이 냄새 가득한 아파트에 홀로 사는 독립유공자의 아들. 이 오지를 찾아오는 사람이 누가 있었을까? 아무도 없었다고 한다. 혼자 사는 아파트 벽에 걸려 있는 조그만 액자, 한국 정부에서 받은 독립유공자증. 그것은 노인이 된 아들이 살아 있는 동안 가질 수 있는 자존심이 아닐까. 비록 러시아 국적으로 사할린 땅에서 외롭게 살고 있지만, 아버지의 사진과 조국의 대통령이 하사(?)한 이 액자는 그가 '조선인'임을 확인해 주는 증표였다.

자작나무 숲의 독립유공자

우리는 전상준 씨와 함께 부친의 묘지로 향했다. 아파트를 나와 나이바 강다리를 건너 왼쪽으로 비포장길을 달려가니 우측 산기슭에 자작나무 숲이 보였다. 이 숲에 브이코프 탄광지역에 살던 사람들의 공동묘지가 있다. 우수토베 고려인 묘지는 허허벌판에 나무 한 그루 없었는데, 이곳은 자작나무 숲속에 묘지가 빼곡히 들어차 있었다.

그가 앞장서서 천천히 걸어 들어갔다. 잡초가 무성한 묘지 사이로 철제 울타리가 쳐져 있고 사진과 이름, 생몰연도를 새겨 넣은 검은 대리석판 위에 십자가를 세워 놓은 곳이 많았다. 입구에서 한참을 들어가 왼쪽으로 꺾어 약간 경사진 곳에 굵은 자작나무 세 그루가 서 있었다.

"다 왔습니다."

전상준 씨는 지팡이로 나무 옆 비석을 가리켰다. '독립유공자 전창렬' 그리고 그의 부인 '김성녀'의 이름이 새겨진 검은 묘비가 조그만 철책으로 둘러쳐져 있었다. 무덤을 한참 바라보던 그가 지팡이로 무덤가의 잡초들을 내리쳤다. 가슴께까지 올라온 머위 잎이 진저리를 쳤다.

3·1운동 나던 해 혈기왕성한 청년이었던 전창렬 선생은 부유한 집안의 자제로 세상과 영합하며 편하게 살 수도 있었으련만, 신사회 건설을 꿈꾸며 조국 독립을 위한 투사의 길로 나섰다. 그러다가 일경에 체포되어 옥고를 치르고 우여곡절 끝에 사할린 땅 돌린스크 브이코프 탄광지역까지 와서 생을 마감하고 여기 외진 공동묘지 자작나무 아래 잠들어 있다.

우리는 그에게 경의를 표하고 묘지를 걸어 나왔다. 자작나무 잎 사이로 7월의 햇살이 반짝였다. 간혹 들리는 새소리가 잠깐 적막감을 흔들어 놓을 뿐이었다.

묘지에서 돌아오는 길 옆에 집 두 채가 나란히 있다. 파란 지붕은 레스토랑, 그 옆집은 가게였다고 한다. 지금은 문을 닫았지만 파란 지붕색이 선명했다. 해방 후 47년이 지난 1992년 9월 29일 사할린 한인 독신노인 72명이 한국으로 영주귀국을 했고, 마지막 귀국이 언제인지 모르지만 그 즈음까지는 이 집을 사용하지 않았나 싶다.

　전상준 씨는 나이바 강 건너편 언덕을 가리키며 그곳에 조선인 광부들이 살던 집이 있었다고 했다. 그곳은 전상준 씨가 살고 있는 아파트와 나이바 강 사이 언덕이었다. 차를 타고 들어가 보았다. 광부들이 살던 곳에 집은 없고 잡초만 우거져 있다. 이곳에 300명 이상의 광부들이 살았었다고 하니 여기서 500여 미터 떨어진 탄광으로 출근을 했을 것이다.

　길 양쪽에 흩어져 있는 허름한 목조주택들이 당시 광부들이 살던 집 같아 보였으나 지금 러시아인들이 살고 있다고 한다. 주택지에서 몇 걸음 나가자 낭떠러지 아래 나이바 강이 급하게 흐르고 있었다.

사프타 돌린스카야

브이코프 탄광에서 캐낸 석탄은 기차로 남사할린 내부를 관통하여 일본으로 실어갔을 것이다. 길가 언덕 아래 철길이 보였다. 철길 끝부분은 흙무더기를 쌓고 침목으로 막아 더 이상 기차가 가지 못하게 만들어 놓았다. 원시적인 차단 벽이었다. 한켠에 서 있는 객차 한 량이 이곳이 브이코프 탄광역 종점임을 말해 주었다.

기차역 옆은 브이코프 탄광 입구였다. 넓은 마당 오른쪽에 있는 흰색 5층 건물 앞에도 잡초가 무성했다. 한 층에 창문 25개가 균일하게 나 있는 것이 군대 막사를 연상케 했다. 탄광 본부 건물이라는데 어쩐지 으스스한 느낌이었다.

정면 출입구에 러시아어로 '사프타 돌린스카야'라고 쓰여 있는데, 한복순 여사가 '돌린스크 탄광'이라는 뜻이라고 한다. 출입문은 잠겨 있었다. 문 왼쪽 집은 전화를 하는 곳이고 오른쪽 함석지붕 집은 식당이라 한다. 탄광 안으로 들어가 갱 속을 보고 싶었으나 그건 불가능했다. 안에 들어가려면 탄광관리자에게 사전 허락을 받아야 하기 때문이다.

이 박사님이 전상준 씨 손을 잡았다. 언제 또 이 두 분이 다시 만날 수 있을까. 조국에서 끌려온 광부들이 드나들던 브이코프 탄광 출입구 마당, 본부 건물 위의 하늘은 슬프도록 파랬다.

217

사할린 아리랑을 찾아서

아리랑은 가사가 몇 수나 되는지 아무도 모른다. 한민족이 사는 곳이면 어
딜 가나 그 지역에 아리랑이 있다. 2015년 가을, 문경시에서 현존하는 아리랑
가사를 수집하여 그중 1만68수를 한지에 써서 박물관에 보관했다.

여기 사할린에도 '사할린 아리랑'이 있다. 강제로 징용당하여 탄광 막장에
서 청춘을 보내고, 조국이 해방되어도 돌아갈 수 없는 이들의 심정은 어떠했을
까. 사할린 아리랑을 꼭 들어보고 싶었다.

우리는 사할린 아리랑 가사를 쓴 정태식 선생을 만나기 위해 차를 사할린한
인협회로 돌렸다. 두 시가 되었지만 점심을 거르고 유즈노사할린스크 시내에
있는 '사할린 주 한인이산가족협회'를 찾아갔다. 정태식 선생 자택 정보를 얻
기 위해서였다. 이 협회가 있는 한인문화센터는 밝은 벽돌색의 아담한 건물이
었다. 1층에는 한국문화원과 '한국관'이라는 한식당이 있고 2층에 한인회 사무
실이 있었다.

건물 앞에 비석 두 개가 서 있었다. 1992년에 세운 '사할린희생사망동포위
령탑'과 2007년에 세운 '사할린한인 이중징용광부 피해자 추모비'였다. 사할
린 동포에 관한 부분 중 '이중징용광부 피해'에 대해서는 많이 알려지지 않았
지만 우리가 잊어서는 안 될 중요한 사건이다. 비문을 옮겨 적는다.

사할린한인 이중징용광부 피해자 추모비

일본 제국주의자들은 제2차 세계대전 당시 조선 농민 수십만 명을 본인과 가족의 동의 없이 징용하여 이곳 사할린 탄광에서 강제노역을 시켰다. 전쟁 말기 일본 열도로 석탄을 실어내지 못하게 되자 이들은 다시 규슈 등 일본 본토 광산에 분산하여 강제노역하게 하였으니 그 숫자가 십오만에 이른다. 이 이중징용광부들은 지옥 같은 노역장에서 무덤조차 없이 죽어야 했고 혹은 도망치고자 헤엄치다 사살되거나 바다에 빠져 죽기도 했다. 살아남은 동료들이 죽은 이들을 일본인 몰래 묻어야 했고 평토 위에 돌멩이 하나로 표지를 삼았으니 지금도 찾지 못한 무덤이 일본 열도에 수없이 많다. 일본인들은 지금도 반인류적 만행을 반성하지 않고 있으며 피징용자들의 명단과 숫자조차 밝히지 않고 있다. 피징용자의 후손들은 억울하게 돌아가신 부조(父祖)의 원한을 달래며 인류의 생존을 위협하는 잔학한 일이 다시는 일어나지 않기를 바라면서 평화의 염원을 모아 이곳에 비를 세운다.

서기 이천칠년 칠월 사일 사할린 이중징용광부 피해자 유가족회

한인문화센터 2층으로 올라갔다. 한인회 박순옥 회장과 간부 두 분이 우리를 맞아 주었다. 박 회장의 부친은 1915년생으로 의성 사람이며 스물네 살 때 강제 징용되어 왔으나, 해방 후 배가 떠나 조국으로 가지 못했다고 한다. 그녀의 시아버지 김종수 씨는 현재 81세로 한국에 영주 귀국하여 안산 고향마을의 부회장으로 계신단다. 시아버지가 사할린사범학교를 나왔다고 하니 한복순 여사가 동창이라고 반가워했다.

이정면 박사는 1937년 연해주 고려인 강제이주 때 사할린 한인들도 함께 끌려간 것에 대해 궁금해했다. 박 회장은 남사할린에서 1,150명이 끌려간 것은

알고 있으나, 북사할린에서 3,500명이 끌려간 것에 대해서는 잘 모르고 있었다.

우리는 지금까지 연해주 고려인 18만 명의 이주에 관해서만 관심을 가져왔고 사할린 한인 강제이주에 관해서는 잘 몰랐다. 이정면 박사님은 이 부분에 대해 관심을 갖고 있었다.

우리는 박 회장에게 "Arirang of Korea"와 문경아리랑 CD를 전하고 한 시간여 사할린 한인들의 생활과 사할린의 현실에 대해 이야기를 나누었다. 박 회장은 자상하게 설명해 주면서 우리에게 포자르스코예(미즈호, 瑞穗) 마을 한인 학살사건에 관한 책과 《사할린 한인사》 등 자료를 아낌없이 내주었다.

《사할린 미즈호 마을의 비극》은 2015년 우크라이나의 콘스탄틴 가포넨코가 쓴 책이다. 1945년 8월 한인 학살 만행을 저지른 일본 범인들을 잡아서 심문한 러시아 법정의 재판기록을 대화체로 재구성하고, 당시의 학살 현장과 암매장 당한 조선인 시신 발굴을 소설 형태로 구성한 책으로 이 잔혹한 사건의 진실을 알 수 있는 귀중한 자료다.

한인문화센터 1층에는 한국교육원이 있다. 김마리나라는 여직원이 우리를 맞아 주었다. 그녀는 대학을 졸업한 지 얼마 안 되었다는데 한국말을 곧잘했다. 그리고 우리가 궁금해하는 것을 잘 설명해 주었다.

러시아권에서는 젊은이들이 영어는 열심히 배우고 있으나 한국어는 잘 배우지 않는다고 한다. 사회에 나가서 취직하고 사업을 하려면 러시아어와 영어를 많이 쓰기 때문이란다. 중앙아시아나 연해주에서도 마찬가지였다. 1세나 2세들은 자식들이 한국어를 잊어버리는 것을 안타까워하지만, 살기 위해서는 어쩔 수 없는 현실이다.

그런데 이곳 사할린 한국교육원에 와서 한국어도 잘하는 똑똑한 젊은이를 만나니 대견하고 기특했다. 사할린 한국교육원 장원창 원장은 중앙아시아 고려인들의 실상과 그들이 겪었던 고통 속에서 녹아나온 현지 아리랑에 대해 많은 관심을 가지고 있었다. 그러면서 중앙아시아나 사할린에서는 모든 행사 때 아리랑을 즐겨 부른다고 한다.

그가 본 것이나 우리가 본 것이나 똑같았다. 중앙아시아의 고려인들이, 사할린의 한인들이 모여서 함께 아리랑을 부르는 것은 조선인으로 하나 되는 의식이요, 아리랑은 가서 함께 살지 못하는 조선 땅에 대한 망향가인 것이다.

'사할린 아리랑' 작사가 정태식 선생

우리는 한인회 사무실에서 '사할린 아리랑' 작사가인 정태식 선생의 연락처를 받았다. 그의 아파트는 한인문화센터에서 20여 분가량 거리에 있었다. 한복순 여사가 전화를 하자 아파트 아래까지 우리를 마중 나와 주었다.

올해 86세인 그는 82세 된 부인 황순연 씨와 살고 있었다. 젊을 때부터 건강관리를 잘 유지해 왔는지 꼿꼿한 선생에 비해 부인은 허리가 많이 굽었다. 그런데 선생은 청력이 좋지 않아 정상적인 대화가 어려웠다. 부인이 필담용 화이트보드를 내놓았다. 우리가 질문을 보드에 쓰면 그가 말로 하거나 보드에 써서 대화를 나누었다. 그는 우리가 아리랑 로드 답사를 위해 이곳까지 온 것을 알고 무척 반가워했다. 더구나 멀리 미국에서 고령의 이정면 박사가 사할린에 있는 아리랑 작사가인 자기를 만나러 온 것에 대해 무척 놀라워했다.

그의 부친 정호균 씨는 경북 의성에서 살았는데, 1939년 광부 모집으로 사할린에 와서 미쓰비시탄광 광부로 일했다. 정태식 선생의 가족은 그가 열세 살 되던 1943년에 사할린으로 오게 되었고, 이곳에서 자란 그는 조선사범학교에서 수리학을 가르쳤다고 한다. 그리고 2003년 사할린의 새고려신문사에서 주최한 아리랑 가사 공모에 당선되어 '사할린 아리랑'이 생겨났다는 것이다.

그는 "그때 상금으로 300루블을 받았지" 하고 껄껄 웃으며 종이 몇 장을 내보였다. 그중에 아리랑 악보와 가사가 적힌 종이가 있었다. 선생은 그 종이 아래에 사인을 하여 이정면 박사에게 주었다. 86세의 사할린 아리랑 작사가가 미국에서 온 93세의 아리랑 박사에게 건넨 이 소박하고도 아름다운 선물.

이 박사님은 감격한 듯 정 선생의 손을 잡았고 우리는 모두 박수를 쳤다. 그리고 그 악보를 들고 손을 잡고 사할린 아리랑을 합창했다. 가사를 보면 일본으로 징용 온 과정과 해방은 되었지만 조국으로 돌아갈 수 없는 슬픔, 그리고 현실과 미래에 대한 희망이 담겨 있다.

> 아리랑 아리랑 아라리요 아리랑 고개를 넘어간다
> 풍파 사나운 바다를 건너 한 많은 남화태 징용 왔네
>
> 아리랑 아리랑 아라리요 아리랑 고개를 넘어간다
> 철막 장벽은 높아만 가고 정겨운 고향길 막연하다
>
> 아리랑 아리랑 아라리요 아리랑 고개를 넘어간다
> 정치 개방 후 햇빛은 밝고 우리의 살림엔 경사도 많다
>
> 아리랑 아리랑 아라리요 아리랑 고개를 넘어간다
> 나를 버리고 가시는 님은 십리도 못 가서 발병난다

또 다른 종이는 사할린 주 한인노인회에서 2010년 6월 2일 발행한 5쪽짜리 자료로 일본이 우리에게 강요한 '황국신민 서사'와 '화태(사할린) 일본 광업소 소장들의 반도인(조선인) 광부들에 대한 노무관리 요령'에 관한 것이었다. 그동안 세월이 많이 흘렀고 우리도 국력을 회복해 지금은 좋은 시절을 살고 있지만 그들의 속마음은 변함없이 그대로였다.

작사 정 태 식

민요 "사할린 아리랑

아 - 리 랑 - 아 리 랑 - 아 라 리 요 - - -

아 - 리 랑 - 고 - 개 - 로 - 넘 - 어 간 다 -

풍 - 파 사 나 운 바 다 를 건 - 너 - - - -

한 - 많 은 - 남 - 화 - 태 - 징 - 용 왔 네. -

사할린 아리랑

1. 아리랑 아리랑 아라리요 아리랑 고개를 넘어간다.
   풍파 사나운 바다를 건너 한 많은 남화태 징용왔네

2. 아리랑 아리랑 아라리요 아리랑 고개를 넘어간다
   칠만 장벽은 높아만 가고 정겨운 고향길 막연하다.

3. 아리랑 아리랑 아라리요 아리랑 고개를 넘어간다.
   정치 개방후 해빛은 밝고 우리의 살림엔 경사도 많다.

4. 아리랑 아리랑 아라리요 아리랑 고개를 넘어간다
   나를 버리고 가시는 님은 십리도 못가서 발병난다.

Korew-colonial
정 태 식

이정 면 주님내게
2016년 군 윌15일

227

우리의 아픔은 세월 속으로 멀어져 가지만 역사 속에 성쇠(盛衰)는 반복된다는 것은 진리다. 그래서 우리는 당시 일본이 우리에게 어떻게 했는가를 잊어서는 안 된다. 잊지 않으려면 알아야 한다.

정태식 선생이 내놓은 유인물에 다음과 같은 '황국신민의 서사'가 있었다.

황국신민의 서사(맹세)

(성인들을 위한 것)

1. 우리들은 황국신민으로 충성을 갖고 군국에 보답한다.

2. 우리들은 황국신민으로 상호신애협력으로 단결을 굳게 한다.

3. 우리들은 황국신민으로 인고단련, 힘을 양성하여 황도에 선양한다.

황국신민의 서사(맹세)

(아동들을 위한 것)

1. 우리는 대일본 제국의 국민입니다.

2. 우리는 마음을 합하여 천황폐하께 충의를 바치겠습니다.

3. 우리는 인고단련하여 훌륭한 국민이 되겠습니다.

"멀리서 왔는데 저녁을 먹고 가라"는 노부부에게 감사하다는 인사를 남기고 일어섰다. 정태식 선생은 우리를 배웅하러 함께 내려왔다. 아파트 입구에서 93세와 86세 두 노인은 서로 건강하시라고 격려하며 한참 동안 손을 잡고 있었다. 아파트 위로 7월의 뜨거운 햇빛이 천천히 사위어 가고 있었다.

고르노자보츠크 탄광

　　러시아로부터 사할린 남부지역을 할양받은 일본이 철도를 개설한 목적은 질 좋은 석탄을 실어 나르기 위한 것이었다. 1940년에서 1945년 사이 일본이 남사할린에서 가동한 탄광은 56개였는데 그중 조선인이 일한 탄광은 36개소였다. 그럼 이곳에 징용된 조선인은 얼마나 될까. 통계마다 다르지만 1945년 당시 사할린 거주 조선인은 25,000~43,000명으로 추정된다.

　　브이코프 탄광에 이어 사할린 서해 연안 남쪽에 있는 고르노자보츠크(일본명 나이로) 탄광에도 들렀다. 유즈노사할린스크에서 네벨스크를 거쳐 고르노자보츠크까지 1시간 50분이 걸린다. 이곳에 갔다가 다시 해안선을 따라 북쪽으로 올라가 홈스크를 거쳐 체호프 마을을 보고 들어오는 길에 포자르스코예(일본명 미즈호 마을)도 들러볼 계획이었다. 그런데 러시아인 운전기사가 고개를 내저었다. 체호프 마을 가는 길은 비포장이고 멀다는 것이었다. 그래도 일단 가보기로 했다.

　　아침 일찍 간단히 샌드위치를 먹고 7시에 출발했다. 이른 시간이라 도로는 한산했다. 네벨스크까지는 작은 산을 넘어가느라 시간이 걸렸지만 네벨스크부터는 해안도로였다. 네벨스크 부근에는 KAL기 격추사건 추모비가 있다. 1983년 9월 1일 뉴욕발 대한항공 보잉 747 여객기가 사할린 상공에서 소련 전투기에 격추되어 탑승자 전원이 사망한 전대미문의 사건이었다. 항공기 블랙박스는 찾지 못했고 소련이 왜 민항기를 격추했는지 공식적인 입장을 발표하지 않아 아직도 의문으로 남아 있다.

네벨스크에서 고르노자보츠크로 가는 해변도로 완만한 언덕에 오래된 안내판이 보였다. 좌회전하여 마을로 들어갔다. 잡초 속에 서 있는 목조주택들은 반쯤은 허물어졌고, 성한 집도 사람이 사는지 빈집인지 알 수 없었다. 내려서 사진을 찍자 한복순 여사가 그만 찍고 얼른 가자고 서둘렀다. "여기서 사진 찍다가 잡혀서 5일 만에 풀려난 사람이 있다. 아직 맘대로 못 찍으니 조심하는 것이 좋다"고 한다. 가이드의 말을 듣지 않을 수 없었다. 그래도 아쉬워서 차 안에서 셔터를 누르자 한복순 여사가 계속 불안해했다.

타슈켄트에서도 목화밭 사진을 찍으려 하자 현지 가이드가 강력하게 말렸었다. 러시아권 국가들은 일상생활에서는 비교적 자유스러워졌지만 아직 국가시설이나 공공건물, 특히 언론에 예민한 대상들은 사진 촬영할 때 조심해야 한다.

사할린 서쪽 해변 남쪽까지 내려왔으니 이젠 올라가야 한다. 홈스크를 지나 체호프 마을까지 해변도로를 따라가다 보니 사람들이 낚싯대를 드리우고 있어 일부러 차를 세웠다. 가까이 가서 보니 연어 낚시를 하고 있었다. 조심조심 바닷가로 다가갔다. 그때 한 여사가 신발과 양말을 벗고 바다로 들어갔다. 그녀는 바닷물에 발을 담그고 소녀처럼 좋아했다.

홈스크 항의 슬픈 아리랑

홈스크 항은 유즈노사할린스크에서 83km 떨어져 있다. 1945년 일본이 패망하고 러시아군이 이 항구를 통해 사할린으로 재진입했다. 시내는 복잡하지 않고 항구 주변에는 폐허 같은 건물이 늘어서 있었다.

바닷가에서 연어 낚시 하는 걸 보고 연어회를 먹으러 가자고 했더니 여기는 한국 같은 횟집은 없다고 한다. 그래도 항구 입구에 차를 세우고 내려서 보니 광장 한켠에 작은 난전들이 있었다. 팔뚝만한 연어 두 마리와 보드카를 한 병 사고 러시아인 기사가 숯을 사왔다.

그리고 주변을 둘러보다가 한 할머니와 말을 하게 되었다. 88세 된 김금옥 할머니다. 경북 영천에 살던 남편(이승규)이 스물여섯 살 때 징용되어 사할린에 함께 왔다고 한다. 남편은 유즈노사할린스크 서북쪽에 있는 가오카미 탄광에서 일하다가 해방 후에 세상을 떠나고, 자신은 한국에 귀국하여 현재 인천복지회관에서 살고 있단다. 그런데 일 년에 한 번 여기 홈스크에 친척들을 만나러 온다는 것이었다.

이 할머니도 징용이라는 슬픈 과거의 주인공이었다. 어딜 가나 한인을 만나 사연을 들어보면 모두 징용과 이어져 있다. 이곳 사할린은 징용의 땅이다.

우리 님 따라서 내 여기 왔지
우리 조선은 따뜻한데 내 여기 왔지
그 땅에 못 가고 내 여기 사나
우리 영감님은 왜 왔다던가
나만 혼자 두고 자기만 갔네

이 '사할린 아리랑'은 바로 김금옥 할머니의 아리랑이다. 이 슬픈 노인에게 아리랑을 아느냐고 물어보았다. 잘 안다고 했다.

아리랑 아리랑 아라리요
아리랑 고개로 넘어간다
나를 버리고 가시는 님은
십리도 못 가서 발병난다

홈스크 항구 난전 귀퉁이에 둘러서서 우리는 작은 소리로 할머니와 함께 아리랑을 불렀다. 노래가 끝나자 김금옥 할머니가 우리 손을 잡았다. 그리고 우리에게 홈스크 시내로 가는 길을 가르쳐 주고 조심해서 가라며 손을 흔들었다.

체호프 마을 가는 길

　체호프 마을로 가는 길은 해안선을 따라 북으로 올라간다. 포장과 비포장길
이 반복되고 비포장길 주변은 집이건 나무건 풀이건 모두 먼지를 뒤집어쓰고
있다. 차를 달리면 아주 옛날 집과 최근에 지은 집들이 섞여서 나타난다. 어쨌
든 이 길은 북쪽으로 해안선을 따라 올라가는 외길이라 왼쪽으로는 바다가, 오
른쪽으로는 철로가 나란히 달린다.

그런데 가다 보니 철로 넘어 바다 쪽으로 구릿대가 무진장 피어 있었다. 안톤 체호프가 사할린을 여행하고 쓴 《사할린섬》 코르사코프 편에 보면 이 식물을 보고 감탄을 한다. "작은 우산 모양의 꽃이 샹들리에 모습을 하고 키가 3미터에 달하며 밑둥의 직경이 8센티미터나 된다"고 했으니 그가 사할린을 여행한 1890년 당시는 우리가 본 것보다도 더 번성했음을 짐작게 한다.

체호프 마을은 홈스크에서 북쪽으로 45km 떨어져 있는데 중간에 비포장길이 많아 한 시간가량 걸렸다. 1946년까지는 이 도시 이름이 '노다' 였다는데, 러시아가 들어와서 체호프의 이름을 따 붙였다고 한다.

마을 어귀에 체호프 마을 상징물이 있다. 체호프와 관련된 자료가 있는 곳을 찾았으나 박물관이나 전시장은 안 보이고 공회당 같은 것이 보였다. 마을회관 강당이었다.

그런데 잘생긴 청년이 들어왔다. 직감적으로 '조선인이구나' 라는 생각이 들었다. 그는 우리가 차를 세우고 회관 안으로 들어가는 것을 보고 뭔가 끌리는 것이 있었다며, 그것이 핏줄인 것 같다고 했다. 그의 이름은 곽윤호(곽니콜라이), 징용 조선인 3세이며 음악을 전공해 이곳 체호프문화회관에서 음악을 가르치고 있다고 한다.

그에게 아리랑을 아느냐고 묻자 할머니가 부르는 아리랑을 듣고 배웠다고 한다. 우리는 그와 함께 아리랑을 불렀다. 아리랑은 우리 민족의 감성 DNA임에 틀림없다. 우리는 그에게 문경아리랑 CD를 선물하며 한인의 정체성을 잊지 말아 달라고 부탁했다.

조선인 학살사건의 현장 미즈호 마을

1945년 패전 직후 일본은 사할린에서 조선인 학살사건을 많이 자행했다. 격동하는 국제 정세 속에서 밀리던 일본이 아무 저항 능력이 없는 조선인들에게 분풀이를 한 사건들이다.

사할린에서 발생한 조선인 학살사건에 관한 책에서 공통으로 발견되는 것이 있다. 그것은 "사할린 조선인들은 일본에 의해 끌려와, 일본의 강요로 일을 하다가, 일본에 아무런 저항도 하지 못하고, 일본인들에 의해 무참히 죽어 갔다는 것"이다. 국가 없는 국민이 어떻게 희생을 당했는지, 1945년 8월 조선인 27명의 학살사건이 일어난 역사적인 증거의 현장이 이곳 미즈호(포자르스코예) 마을이다.

우크라이나 출신 콘스탄틴 가포넨코가 쓴《사할린 미즈호 마을의 비극》에 이 사건의 내막이 상세히 나와 있다.

"1945년 8월 15일 일본 천황은 항복을 선언하고 러시아군이 사할린에 진주한다. 그해 8월 20일과 25일 사이에 이 마을에 살던 어린이를 포함한 조선인 27명 전원이 학살당하고 은폐된 사건이 발생한다. 이후 이 지역에 들어온 러시아군의 정보안테나에 이 소문이 잡히게 되고, 러시아 스메르쉬(KGB의 전신)가 이 사건을 조사해 일본인 피의자들을 모두 잡아 심문하여 사건을 파헤쳐 가해자들을 러시아 법정에 세운다. 범인 중 사형 7명은 총살형이, 11명은 10년형이 선고되었다. 7명은 1947년 블라디보스토크에서 사형이 집행되었고, 10년형을 구형받은 이들 중 일부는 일본인 송환 시기에 일본으로 돌아갔다."

244

아리랑 로드 대장정 마지막 코스인 사할린 답사를 준비하면서 이 사건에 대해 관심을 가졌다. 우리가 '사할린 한인이산가족협회'에 갔을 때 박순옥 회장이 이 책을 주었는데, 광기어린 일본인의 행동과 힘없는 조선인이 당해야 하는 슬픔에 참담한 생각을 금할 수 없었다.

같은 마을 이웃집에서 오랫동안 농사짓던 사람들을 조선인이라는 이유만으로 단 5일 동안에 총과 군도, 몽둥이, 죽창으로 밤낮, 새벽을 가리지 않고 참살하여 암매장하고 난 후 아무 일도 없었다는 듯 그 지역에 새로 들어온 러시아군의 통치에 순종할 수 있는가! 이 잔인한 광기는 어디서 나왔을까. 강한 자에게 약하고 약한 자에겐 강한 이 이중성은 무엇인가. 사적으로 만나면 친절하고 예의바르고 부드러운 일본인의 얼굴 뒤에 숨어 있는 잔인함이 섬뜩하기만 하다.

홈스크 항에서 유즈노사할린스크로 동서를 달리는 A392번 도로는 이 마을을 지나간다. 나지막한 산기슭 분지에 자리잡은 포자르스코예 마을에 오후 7시쯤 도착했다. 아직 해가 많이 남아 있었다. 길가에 차를 세우고 동네 사람에게 추념비가 있는 곳을 물어서 찾아갔다. 도로에서 가까운 언덕 위에 나무 한 그루가 서 있고, 계단을 올라가니 까만 추념비 앞에 참배객들이 놓고 간 꽃이 있었다. 애꿎게 죽어간 어린이를 위한 것일까, 까만 비석에 묶어 놓은 곰인형이 더욱 애잔하게 느껴졌다.

우리는 묵념을 하고 내려와 마을로 들어갔다. 한적한 길을 따라 좀 더 걸어 들어갔다. 넓은 길 양쪽에 오래된 목조주택이 있고 정갈한 나무 울타리 안에 마가렛 꽃이 피어 있는 집에서 러시아인 아주머니가 나오며 이방인들에게 미소를 보냈다. 더 걸어가니 어린이 둘이 젖병을 들고 아기를 유모차에 태워 밀고 가고 있었다. 70년 전 7월에도 이렇게 풀이 무성하고 여름 꽃이 피었을 것이다. 이곳에서 그런 끔찍한 참사가 일어났던 것이다.

사할린에서 만난 체호프

체호프는 모파상, 오 헨리와 함께 세계 3대 단편소설 작가다. 사할린 답사를 준비하면서 '체호프'라는 이름을 가진 마을이 사할린에 있다는 것과 그가 당시 러시아의 악명 높은 유형지였던 사할린을 홀로 여행하고 돌아가《사할린 섬》이란 책을 썼다는 사실을 알게 되었다. 그래서 이 마을을 꼭 가보리라 생각하고 유즈노사할린스크 시내에 있는 체호프문학체험박물관을 찾아갔다.

    깔끔한 3층 건물 유리벽에 하늘을 배경으로 자작나무 가지가 푸르게 빛나고 있었다. 체호프 사진이 걸려 있는 입구를 지나자 그의 여러 모습을 슬라이드로 보여 주었다. 그리고 안에는 죄수들이 일을 하거나 쉬고 있는 모습의 밀랍인형과 사진을 전시해 놓았다.

    체호프는 모스크바대학 의학부를 나온 의사이며 잘나가는 작가였다. 그는 폐결핵이 걸린 상태에서 사할린 여행을 결심하고 신문사 특파원 자격으로 모스크바를 출발하여 이르쿠츠크를 거쳐 시베리아를 횡단하며 두 달 보름이나 걸려 사할린에 도착했다. 그리고 사할린 곳곳을 다니며 대륙에서 온 유형자들이 겪은 비참한 현실을 기록했다.

사할린에 온 지 석 달째, 9명의 사형수가 처형당하는 장면을 목격한 그는 인간의 본질에 대한 심각한 고민에 빠졌다. 체호프는 살아서는 육지로 나갈 수 없는 사할린의 유형수들을 '죽은 자'로 비유하며, '죽은 자는 묘지에서 되돌아오지 않는 법'이라고 했다. 밑바닥에서 절망하고 있는 유형수들을 보며 인간이 자유를 빼앗기고 굶주리면 대체로 악덕과 비뚤어진 심성으로 변질되며, 인간이 극한 상황에 이르면 아무 이유 없이 다른 사람을 파괴하고 광적으로 변한다는 사실을 깨닫는다. 동시에 유형수들의 고통스런 생활을 보면서 '권력이 삶을 굴복시키더라도 현실은 견뎌야 하는 것', 그리고 '현실에 기초하지 않은 꿈꾸는 삶이란 지속할 수 없는 것'이라며 현실의 삶을 중요하게 생각한다.

여행은 아는 것만큼 보인다고 했는데, 체호프의 책을 꼼꼼히 읽었다면 사할린을 더 많이 보고 느낄 수 있었을지도 모르겠다.

이렇게 사할린 답사 3박4일은 숨 가쁘게 지나갔다. 그리고 우리의 아리랑 로드 대장정도 끝났다. 문경에서 출발하여 광주, 안산, 진천을 비롯해 중앙아시아 3국과 블라디보스토크, 우수리스크, 하바롭스크, 이르쿠츠크 그리고 바이칼을 거쳐 마지막 여정인 사할린까지 계획했던 대장정을 무사히 마쳤다.

짓밟히고 버림받은 모욕의 강제이주, 하지만 얼어붙은 동토에서 자존심 하나로 살아남아 또 다른 역사를 써내려가는 한 민족을 만나면서 참으로 슬펐고 참으로 기뻤다. 이 악물고 질경이처럼 이겨 낸 그 불굴의 의지는 보배롭고 아름다웠다. 더욱이 그들의 허허로운 마음을, 팍팍한 삶을 보듬어 위로해 준 아리랑의 재발견은 크나큰 감동이었다.

아리랑은 우리의 삶이요 희망이요 역사다.

그리고 마침내 우리를 하나로 만드는 기적의 노래다.

문경에서 출발한 아리랑 로드 대장정

고 윤 환 문경시장

유네스코 세계무형문화유산으로 등재되어 세계의 노래가 된 아리랑. 그래서 우리 민족의 굴곡진 삶과 그것을 극복해 내는 신명이 녹아들어 아름다운 가락으로 형상화된 아리랑의 가치가 한층 높아졌습니다.

그런 때 문경에서 세상에 흩어져 있는 아리랑 가사를 수집하고 분류하여 정제된 1만 수를 문경의 전통한지에 120명 서예인들의 붓글씨로 담아냈습니다. 이 작업은 문헌사적 · 서예사적 자료로서 매우 의미 있는 시도였습니다.

그리고 2015년 9월 5일 '서예로 담아낸 아리랑 1만 수'를 서책으로 묶어 옛길박물관으로 옮기는 이운식을 거행했습니다. 그때 경향 각지의 많은 분들이 오셔서 감동적인 순간을 함께 나누었습니다.

그날 아리랑 로드 답사대 네 분도 참석하여 문경에서 대장정의 출발을 천명하였고, 많은 분들로부터 격려의 박수를 받았습니다.

그 후 아리랑 로드 답사대는 1937년 스탈린에 의해 강제이주된 고려인들의 유랑의 길을 따라가며 그들의 삶과 그들의 역사와 그들을 위무해 준 아리랑 이야기를 듣고 보고 기록해 왔습니다. 이것은 참으로 의미 있는 일이지만 누구나 할 수 있는 일이 아닙니다. 그런데 아리랑 로드 답사대가 해냈습니다. 더구나 답사대원들이 팔팔한 청춘도 아니기에 더욱 놀랄 수밖에 없습니다.

이것은 바로 민족을 생각하고 아리랑을 사랑하는 마음입니다. 특히 답사대장이신 이정면 박사님은 구순이 넘으셨습니다. 반백년을 타국에서 살아오신 이 박사님은 십 년 넘게 아리랑을 공부하고 아리랑학을 정립하기 위해 동분서주하고 계십니다. 여기에 함께 나선 류승호, 류승률, 서용순 세 분의 아리랑에 대한 열정 또한 대단합니다.

마침내 이 분들이 아리랑 로드 대장정을 기록한 "Colors of Arirang"을 출간하게 되었습니다. 이 책은 우리 민족의 피난길이자 유랑의 길을 생생하게 전해주는 매우 의미 있는 대서사시입니다.

아무쪼록 네 분의 노고에 경하를 드리며, 앞으로도 아리랑 로드가 계속 이어져 더 많은 감동을 전해 주시길 기대해 봅니다.

사진으로 형상화한 Colors of Arirang

이 기 명 월간 〈사진예술〉 발행인 겸 편집인

　　다큐멘터리 기록에서 주목하여야 할 것은 사회적 탐구(exploration)입니다. 즉 사회, 역사, 문화, 환경, 과학 등에 대한 연구입니다. 그러므로 다큐멘터리는 여러 사회적 현상의 패턴을 정의하고 원인을 설명하여 그 시대의 보다 깊은 중요한 역사기록을 제공해야 합니다.

　　"Colors of Arirang"은 고려인의 삶과 강제이주의 역사에 관한 심도 있는 기록입니다. 중앙아시아, 시베리아, 연해주, 사할린에 걸친 아리랑 로드 대장정은 강제이주된 고려인들의 고통과 삶의 현장, 독립투사들과 사할린 강제 징용자들의 발자취, 그리고 그들과 함께 밥이 되고 희망이 되어 준 아리랑에 대한 답사입니다. 특히 아리랑이라는 음악에 대한 인문학적 접근으로 역사의 흔적을 추적한 것이 돋보입니다.

　　그래서 이 책에 실린 사진들은 고려인과 아리랑이란 주제를 사진으로 형상화한 매우 소중한 기록입니다. 유랑의 삶을 살아낸 사람들과 그들이 이룩해 낸 역사와 그 현장을 담아내는 작업은 결코 쉽지 않습니다. 더구나 아리랑이란 소리를 사진에 담아 메시지를 전달하는 것은 그만큼 작가의 예리한 시선과 역사에 대한 이해를 요구하는 어려운 일이기에 더욱 그렇습니다.

　　그러한 요소들을 충족시키고자 애쓴 아리랑 로드 대장정 사진들을 통해 사진의 묘미와 인문학적 정보와 감동까지 함께 느껴 보시길 권해 드립니다.

　　누구나 사진을 찍고 누구나 글을 쓰는 시대라지만, 아무나 할 수 없는 도전을 통해 훌륭한 결과물을 세상에 내놓은 네 분의 노고에 감사드립니다.

참고문헌

겨울꽃, 조성길, 파랑새미디어, 2012

국가보훈처 홈페이지

사할린, 최상구, 미디어 일다, 2015

사할린 한인사, 아나톨리 구친, 문준일 강정하 역, 한국외국어대학교 지식출판원, 2014

凍土의 민들레, 윤주영, 도서출판 호영, 1993

소련 韓族史, 정태수 편역, 대한교과서주식회사, 1989

중국조선족 아리랑 연구, 진용선, 정선군, 2008

유라시아의 고려인 150년, 김호준, 주류성출판사, 2013

누이야, 시베리아에 가봐, 이정면 외, 이지출판, 2015

바이칼, 박대일, (주)새로운 사람들, 2010

스파시바, 시베리아, 이지상, 도서출판 삼인, 2014

꿈속의 꿈, 계봉우 저, 김필영 역, 강남대학교출판부, 2009

사할린 미즈호 마을의 비극, 꼰스딴찐 가뽀넨코, 장한나 역, 새문사, 2015

일제강제동원, 그 알려지지 않은 역사, 김호경 외, 돌베개, 2010

한국민족문화대백과사전

안톤 체호프 사할린 섬, 안톤 파블로비치 체호프, 동북아역사재단

문경시청 홈페이지(http://www.gbmg.go.kr)

중아아시아, 장준희, 청아출판사, 2004

중아아시아 인문학기행, 연호탁, 글항아리, 2016

아리랑, 님 웨일즈, 김산 공저, 도서출판 동녘, 2016

역사기록소설 홍범도(4), 김세일, 제3문학사, 1990